学生读《史记》

中国人的精神品格

邹金灿 编著

商务印书馆
The Commercial Press

图书在版编目（CIP）数据

学生读《史记》：中国人的精神品格 / 邹金灿编
著 . 一北京：商务印书馆，2023
ISBN 978-7-100-22511-3

I.①学…　II.①邹…　III.①《史记》—青少年读
物　IV.① K204.2-49

中国国家版本馆 CIP 数据核字（2023）第 096215 号

权利保留，侵权必究。

学生读《史记》：中国人的精神品格
邹金灿　编著

商 务 印 书 馆 出 版
（北京王府井大街 36 号　邮政编码 100710）
商 务 印 书 馆 发 行
北京市白帆印务有限公司印刷
ISBN 978 - 7 - 100 - 22511 - 3

2023 年 8 月第 1 版　　　　开本 710×1000　1/16
2023 年 8 月北京第 1 次印刷　印张 13¼
定价：48.00 元

那些刻画了中国人精神品格的风云人物

　　《史记》是一本伟大的书，也是"二十四史"里最重要的一员。

　　众所周知，"二十四史"记录了大量关于人性黑暗的内容。于是，有人说，"二十四史"是一部中国人互相伤害的历史，是帝王家谱。于是，"丑陋的中国人"等说法应运而生，风行大江南北。

　　这些充满了情绪宣泄的观点，既妨碍了人们对古代社会的认识，又不利于解决自己在现实世界遇到的问题。

　　史家的责任，是忠实地记录那些发生过的历史痕迹，把有关世运兴衰的内容"登记在册",供后人借鉴或思考。

也就是说,史家记录了许多"人性恶",也记录了许多"人性善"。

《史记》的记载对象以人物为主,这是司马迁的创举,也是直击本质的做法。在人类社会中,一个个的人是最重要的。有什么样的人,就有什么样的制度和文化;有什么样的人,就会缔造什么样的社会;同样一套制度,在不同的人运用下,其效果可以大相径庭。

任何时候都会有"丑陋的中国人",与此同时,可贵的中国人也大量存在于每一个时代中,他们被司马迁那样的史家记录下来,为后人仰慕。那些仰慕者里,不少人也成了可贵的中国人。

"今人不见古时月,今月曾经照古人。"李白的诗句告诉我们,历史从来不是对过去时光的简单拼接,而是对后人有着神秘而巨大的感召力量的。

司马迁说:"古者富贵而名摩灭,不可胜纪,唯倜傥非常之人称焉。"从古以来,在世时享受荣华富贵、死后却留不下美好名声的人,可谓不计其数,只有那些非常卓越的人,才能在后世留下美好名声。

只有建立自己的事业,才能在历史上留名。在追求事业的过程中,必然少不了困难与挫折。能够有勇气面对困难、不断寻求方法解决挫折的,才是"倜傥非常之人"。《史记》记载了很多这样的人。

近百年来，中国历经列强入侵、抗日战争、灾疫肆虐等重大忧患，在每一个艰难时刻，我们总能看到有人迎难而上、奋起解难，为大家的福祉无私献力。在他们身上，我们可以清晰看见远古先人们的风范。

这些人、这些事，汇聚成一条长河，鼓舞、滋润着一代代中国人。

身份、地位的差异，并不构成人与人之间的本质区别。人与人的本质区别在于：是否对自己的品格有一定的要求。在这方面，"倜傥非常之人"往往对自己有着严格的"律令"。

进入《史记》这座宝山，我仔细寻找那些"倜傥非常之人"的生命痕迹，编成了这本小书。

全书分为"仁篇""智篇""勇篇"三个篇章。"仁、智、勇"是指人的三种德行。《论语·子罕》篇中说："子曰：知（同'智'）者不惑，仁者不忧，勇者不惧。"意思是：智者不会被外界事物迷惑，仁者不会内心陷于忧愁之中，勇者不会因为遇到艰难困阻而害怕。

三个篇章各有八个人物故事，每个故事分别对应一种品格。故事主人公有身份显贵者，如秦穆公、楚昭王；也有平民百姓，如帮助伍子胥逃亡的路人、知恩图报的豫让；有家喻户晓者，如韩信、卫青；也有不太被今人谈论的人，如狐突、赵良。

他们是国士，是豪杰，其英伟的气象、光霁的风范，影响了无数人，至今依然熠熠生辉。这是真正的风流，刻画了中国人的

经典面貌。

对于一些耳熟能详的人物，本书力求展现一些我们不太容易留意到但又很重要的内容。例如，我们都知道孔子崇尚文教，但也许较少关注到，孔子极其崇尚阳刚，他的弟子中不乏孔武有力之士，这是一群在乱世中具备强大自我保护能力的人，绝非文弱书生。

比如，我们都知道"汉初三杰"之一的张良很有计谋，但也许不太容易注意到，在张良瘦弱的身躯里，潜藏着惊人的胆量。张良的勇气，丝毫不逊色于其智慧。

又比如，一个名叫栾布的人告诉我们，人世间有一些东西能让人超越生死利害的计算，"情义"就是其中之一。至于汉武帝时期的大将军卫青，他在今天最值得我们学习的，可能并不是其军事能力，而是他面对荣辱变化时始终保持从容淡定的态度。

在每一个故事的后面，都附有"知识积累"和"视野拓展"两个栏目，这两部分延伸阅读内容都基于当篇故事相关性而作，均不限于《史记》的内容。

其中，"知识积累"侧重于介绍古代典籍里的名句隽语或重要论述，旨在帮助读者丰富文言储备。"视野拓展"侧重于介绍传统文化、历史典故，希望能够帮助读者进一步开拓眼界。

总的来说，本书主要讲述了《史记》一些可贵人物的故事，同时介绍了一些国学常识，它自然不能呈现《史记》这部伟大经典的万分之一美好。我对这个读本的愿望，是希望它能够帮助中小学生读者增进阅读《史记》等中华典籍的兴趣，同时也能充实一些传统文化知识。

　　当然，如果此书内容能够在青少年读者养成各自良好品格的道路上，产生一些鼓舞或促进作用，则善莫大焉。

目录

仁 篇

智　篇

勇　篇

仁篇

伍子胥逃亡路上遇到的好人

本文取材于《史记·伍子胥列传》。

故事主人公是一个非常平凡的人，他活动在楚国和吴国的边境上，靠打鱼为生，就连司马迁也不知道他的名字，所以在《史记》里，直接用"渔父（fǔ）"两个字来称呼他。父同甫，是古人对于男子的美称。

这位渔父虽然在身份上非常不显眼，却做出了了不起的事，感动了无数的后人。

渔父的故事，得要从伍子胥说起。

伍子胥的父亲叫伍奢，是楚国的高级官员，为人很正直，受了楚平王的委派，去做太子的老师。

和伍奢一起辅佐太子的，还有一个叫费无忌的官员。在太子

到了结婚年龄的时候，楚平王派费无忌到秦国去，向秦国的国君求婚。秦国国君同意把自己家族的一个女子嫁给楚国的太子。

费无忌谈妥事情之后，马上跟楚平王说："秦国的这个女子，长得漂亮极了，大王您可以娶了她，然后另外给太子找妻子。"

楚平王是一个非常贪恋女色的人，就同意了这个建议。

费无忌为了讨好楚平王，经常干这些没有原则的事。不过，他心里也知道，以后太子顺利接班了，不会给自己好果子吃，于是，他就不停地在平王面前说太子的坏话。

渐渐地，楚平王疏远了太子，把太子安排到一个叫城父（fǔ）的地方。这是一个边境城市，太子在这里负责带兵守卫国土。

后来，费无忌跟楚平王说："娶妻那件事，太子一直闷闷不乐。最近有人告诉我，太子在城父勾结国外的势力，要带兵杀回京城，直接来抢您的王位了！"楚平王于是把太子的老师伍奢叫来质问。伍奢知道是费无忌在谗害太子，对平王说："大王怎么能够因为小人而疏远自己的亲生骨肉呢！"

费无忌继续向平王进谗言："大王如果不早点采取行动，等他们的阴谋得逞，您就要沦为阶下囚了！"

楚平王相信了费无忌的话，就命令一个名字叫奋扬的人，带上兵马去杀太子。奋扬的职位是城父司马，这是一个小官，负责城父的治安。

奋扬出发了，不过他同时干了一件事——派人加速跑在自己前面，密告太子："大王现在派我来杀您，您赶紧逃！"

太子提前收到消息，逃到了宋国。

与此同时，楚平王囚禁了太子的老师伍奢，然后派人告诉伍奢的两个儿子——伍尚和伍员（字子胥），对他们说："伍奢在大王手里，你们赶紧过来。来了，伍奢就能活命。如果不来，我们就杀了伍奢！"

伍子胥就跟哥哥伍尚说："很明显，楚王就是要把我们全家都杀了，所以肯定不能去的，不如一起逃跑吧，以后再回来报仇。"

伍尚叹了口气，说："去了，肯定也救不了父亲，但是父亲在那里，我怎么忍心不去呢？如果不去，他们杀了父亲，以后我们又没有办法报仇的话，那我们就要被天下人耻笑了。这样吧，我去父亲那里，你赶紧逃，以后为我们报仇！"

于是，伍尚去了楚平王那里，而伍子胥则开始了逃亡。

楚平王马上就把伍奢和伍尚杀害了，并且发出一份紧急通缉令，重金悬赏楚国的人抓捕伍子胥。

伍子胥跌跌撞撞地逃出楚国，找到了正在宋国避难的太子，两个人接下来的流亡过程非常坎坷。

他们先是待在宋国，碰上宋国发生了内乱，只好赶紧离开，去了郑国。

郑国的人倒是对他们非常好，但郑国是小国，很难帮他们报仇，于是他们就到了晋国。

晋国的人对他们也很热情，然而不安什么好心，怂恿他们再去一趟郑国，在那边做晋国的内鬼，联手灭掉郑国。

于是，太子和伍子胥重新来到郑国，没想到秘密泄露，郑国的人知道了这事，马上杀了楚国太子。在变乱当中，伍子胥比较幸运，没被杀掉，最后他带着太子的儿子，仓皇逃离了郑国。

这个时候，伍子胥发现，能去的地方不多了——晋国是不能再去了，因为刚刚失败了一个计划；秦国更不能去，因为楚平王和秦国结成了亲家；齐国虽然有很强的军队，但是距离楚国太远，即使愿意帮忙，也鞭长莫及。

唯一的选择就是吴国。吴国和楚国是邻居，两国经常发生矛盾，这个国家应该能够帮到伍子胥。

不过，伍子胥想要到吴国，必须过昭关。昭关是楚国和吴国交界处的一个重要关口，戒备森严。如果伍子胥来昭关，会随时没命。

伍子胥决定冒险一试，带着太子的儿子来到了昭关。

果然，他一出现，就引起了楚国守关官兵的注意，大批兵马向他们涌了过来。

伍子胥一看情况不妙，就和太子的儿子分开各自逃命。他一路狂奔，跑着跑着，就被一条宽阔的江拦住了去路。

江上只有一艘船，船上有一位上了年纪的老人，正在低头打鱼。伍子胥赶紧跟这位渔父说："老人家好！我要马上过江，请您帮帮忙！"

这个时候，伍子胥的身后尘土飞扬，叫嚷声大作。楚国的追兵越来越近了。

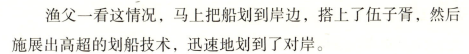

渔父一看这情况，马上把船划到岸边，搭上了伍子胥，然后施展出高超的划船技术，迅速地划到了对岸。

终于安全了。伍子胥看着对岸那些愤恨的官兵，吁了一口气，把身上的一把剑解了下来，对渔父说："非常感谢您救了我一命！我无以为报，身上只有这把剑是值钱的，现在送给您，请您一定要收下！"

渔父笑了，对伍子胥说："根据楚国最近的法令，抓到伍子胥的人，就会获得五万石粟米的奖赏，另外还会得到很高的爵位。这些东西，远远丰厚于你这把剑啦！"渔父说完，就摇着船走了。他不但拒绝了伍子胥的礼物，甚至连名字都没有留下。

原来，在伍子胥上船之前，渔父就已经猜到了他的身份，并且决定冒着生命危险来帮他过江。

后来，伍子胥到了吴国，借了军队成功打回楚国去。那个时候，楚平王已死，伍子胥就把平王的坟墓挖开，鞭打尸体三百下，成功报了父兄无罪被杀这个深仇大恨。

伍子胥能够报仇，是因为他遇到了许多好人，包括后来愿意帮助他的吴国人。在这些好人当中，那位渔父对伍子胥的命运，起了决定性的作用。

这位没有留下名字的渔父，以及那个提醒楚国太子逃跑的奋扬，他们的行为，都体现了"良知"这两个字。

在这些平凡人的内心深处，坚守着一些道德法则，让他们不会因为外界的诱惑，就去做任何违背良心的事——比如帮助恶势

力去迫害善良的人。

千百年来，这些有良知的人，一直闪耀着夺目的光彩。

　**知识积累**

父母之仇不共戴天

中国人提倡孝道，在古代，人们高度认可并鼓励血亲复仇。

《礼记·曲礼上》说："父之仇，弗与共戴天。"《礼记·檀弓上》记录了孔子和弟子的这一段对话："子夏问于孔子曰：'居父母之仇如之何？'夫子曰：'寝苫（shān）枕干（gān），不仕，弗与共天下也。遇诸市朝，不反兵而斗。'"这段话是说，子夏问孔子："应该如何对待加害自己父母的仇人？"孔子回答："睡在草上、枕在盾牌上，不做官，与仇人不共戴天。如果路上遇到仇人，要马上和对方进行搏斗，不要回家拿了兵器才开打！"

以上记载，就是"父母之仇不共戴天"（与父母的仇人不共存于人世间，比喻仇恨极深）这一说法的由来。

《公羊传·定公四年》："父不受诛，子复仇可也。父受诛，子复仇，推刃之道也。"意思是：父亲无罪而被杀，儿子可以复仇；父亲有罪而被杀，儿子不应该复仇，否则仇家的后人也会复仇，就会引发循环不绝的杀戮行为（推刃）。

伍子胥的复仇故事就基于上述的共识发生，而且他是属于

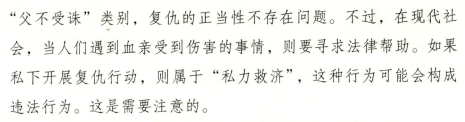

"父不受诛"类别，复仇的正当性不存在问题。不过，在现代社会，当人们遇到血亲受到伤害的事情，则要寻求法律帮助。如果私下开展复仇行动，则属于"私力救济"，这种行为可能会构成违法行为。这是需要注意的。

　　江流呜咽，为勇者鸣。我们或许很难像古人那样快意恩仇，但应该感谢那些英勇的复仇者，正是因为他们不苟且，以杀身成仁的大勇，令那些随时可能会将伤害加在普通人身上的恶人，多少有了一些忌惮。

 ## 视野拓展

景毅耻不在录牒

　　东汉末年，宦官弄权，祸害天下。当时，以李膺为首的一批读书人奋起抗击宦官。宦官集团就污蔑这些正义的读书人为"党人"，对他们开展残酷的政治迫害：杀戮党人领袖，对其追随者实行终身禁锢，不予重用。历史上称这一重大事件为"党锢之祸"。

　　当时有一位名叫景毅的士人，曾把自己的儿子送到李膺门下做学生。宦官害死李膺后，对李膺的亲友和学生们一并进行打击报复，因为录牒（登记名册）上漏了景毅儿子的名字，景家因此幸免。

　　景毅得知这一情况，说："因为李膺是真正的贤人，我才

［元］吴镇 渔父图轴

把儿子送到他门下做学生。现在怎么能够因为老师有难，自己反而苟安呢？"要求把儿子名字列入李膺门生的录牒里，同时自己立即向朝廷申请辞职。景毅这个举动，赢得了天下人的尊重。

仁德

当秦穆公丢了骏马之后

本文取材于《史记·秦本纪》。

这是一个关于仁德的故事，主角是春秋时期的秦国君主——秦穆公。

在现代社会的职场上长期流传着这么一个说法：做领导的司机，比较容易有发迹的机会。其实这不是今天才有的传言，而是很久以前曾存在过的事实。

春秋战国时期的赵国、秦国的祖先，就是做"司机"起家的。

事情要从西周王朝的早期说起。有一个叫造父（fǔ）的人，他的祖祖辈辈都干驾驶马车的活儿。造父成了周穆王的司机，帮助周穆王平定了国内的动乱，立下了大功，因此被封到了赵城这

个地方。这就是赵国的前身。

造父有一个侄孙，名叫非子。看着叔祖的事业很成功，非子觉得，如果自己继续做司机这个行当的话，无论怎么做都很难超过叔祖那一宗族的人了。几经思虑，他放弃了司机这个职业，跑去今天的陕西一带，帮周天子养起马来。

由于非子养的马特别肥美，受到了周天子的欣赏，把那一带地方封给了他的家族。这就是秦国的前身，非子也成了秦国的创始人。

在这件事情上，我们也可以看到，非子虽然不做马车司机，但干的也是跟司机配套的活儿。没有马，就谈不上有马车司机。用今天的话来说，非子家族是造父家族的供应链上游，在业务上占据优势地位。

从血缘上看，赵国和秦国是一家。有意思的是，在战国中后期，秦国发动了统一中国的战争，其中打下赵国的过程非常艰难，可以说难度一点都不亚于打下楚国，这是后话，此处不表。

说回秦国。我们知道，一个国家的强盛，不可能是一朝一夕的事情，而往往是经历了一段漫长的发展过程，倾注了多代人的心血。第一个让秦国崛起的君主，是春秋时期的秦穆公。秦穆公继位时距离非子去世已近 200 年，在他的治理之下，秦国在西边的地盘不断扩大，成为"春秋五霸"之一。

也许是家族遗传的原因，秦穆公这个人也喜欢马，养了一匹非常名贵的马。不幸的是，也许是由于看管人员的大意，这匹骏马有一天居然跑丢了。

秦穆公丢了心爱的骏马，心里非常着急，赶紧派人到全国各地寻找。大家一路追踪，发现这匹马跑到了一个地方之后，就消失了。

秦穆公心急火燎，派人严加查问，得到的结果让人大吃一惊：原来，在那个地方居住着一群没有开化的土人，他们把秦穆公的马抓了起来，杀吃了。

据《史记》的记载，当时一起参与吃这匹马的有三百个土人。从这个细节中我们可以看到，这群土人的感情很好，遇到有好吃的，大家都能分到一份；另外也可以想象到，秦穆公这匹马强壮到了什么地步，竟然可以供三百个人食用！秦国的君主是养马出身，历经多年之后仍然业务不生疏，难怪秦国能够强盛。

秦穆公来到了现场，大伙儿都以为将会有一场血雨腥风发生。出人意料的是，秦穆公不但没有责怪这些土人，反而跟他们说："我听说，吃马肉的时候如果不喝酒，会对身体不好的。"说完，就派手下拿一些美酒出来，赏赐给土人，事情到这里就算告一段落了。

不久后，秦国的邻居晋国发生了旱灾，晋国君主晋惠公派人来到秦国，请求秦穆公支援一些粮食给晋国。

秦穆公安顿好晋国的使者，把大臣们召集起来，问大家怎么看这件事。

大家面面相觑。这事还真不好决定。因为秦国和晋国是邻居，更是敌人。在当时的局势中，晋国的实力比秦国强，更重要的是，这两个国家曾经发生过一件令人不愉快的事。

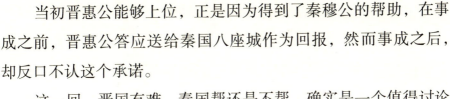

　　当初晋惠公能够上位，正是因为得到了秦穆公的帮助，在事成之前，晋惠公答应送给秦国八座城作为回报，然而事成之后，却反口不认这个承诺。

　　这一回，晋国有难，秦国帮还是不帮，确实是一个值得讨论的问题。于是有大臣对秦穆公说："晋国背信弃义，坚决不能帮他们，而且这还是一个大好时机，我们可以出兵去打他们。"

　　也有人说："晋国只是国君得罪了您，这个国家的百姓是没有罪的，我们应该帮他们。"

　　最终，秦穆公采纳了第二个意见，送了一大批粮食给晋国的灾民，帮他们渡过了难关。

　　两年之后，不幸降临到秦国，国内发生了严重的旱灾。秦穆公情急之下，想到了向晋国求助。他派使者去见晋惠公，请求晋国支援一批粮食过来。

　　这一次，晋惠公又展现出了忘恩负义的本性，非但没有给秦国粮食，反而带上兵马攻打秦国。

　　秦穆公相当生气，但也没有其他的办法，只能亲自率领军队跟晋军交战。由于仓猝应战，秦军很快陷入了不利局面，被晋军重重包围住，秦穆公还在战斗中受了伤。

　　眼看性命不保，在这个关键时刻，突然有一群来路不明的人马从外面勇猛地打了进来，把晋军的包围圈硬生生打开了一个大缺口。

　　晋军因为受到意外的冲击，乱了阵脚，一时无所适从。生机来了！秦穆公赶紧和士兵们奋起反击，最后和那一队来路不明的

人马成功击败晋军，活捉晋惠公，取得了大胜。

事后大家才知道，救了秦穆公性命的不是别人，正是当年吃了秦穆公骏马的那三百个土人，他们得知晋军要来侵犯秦国的时候，就组成了一支军队奔赴前线，刚打上照面就帮上了大忙。

让人惊奇的是，秦穆公活捉了晋惠公之后，把他放了。

土人救了秦穆公一命，回报了秦穆公的"食（sì）马之恩"。所谓"食马"，是请人吃马肉的意思。

这个故事充分体现了秦穆公的仁德。他作为一个君主，手中掌握了很大的权力，在行使权力的时候，他能够体现出一种可贵的自律精神，懂得去宽恕别人，尽量不伤害到别人的性命。这一点相当可贵。

秦穆公一生最为人诟病的事情，就是他死了之后，秦国安排了一批人为他殉葬，其中三位非常有才能的人，史称"三良"，也在殉葬者之列。殉葬是一种非常野蛮的做法，很多人因此诟病秦穆公。《诗经·秦风·黄鸟》记录了这件事，并发出了高声痛斥："彼苍者天，歼我良人！"

但也有人持不同意见，例如苏轼就认为，要人陪葬这种事不太像秦穆公生前的作风，很有可能是"三良"感激秦穆公的知遇之恩，从而自愿身死以陪葬，后人不理解这一点，所以断定是穆公的野蛮做法。这自然是比较想当然的意见，事实上当时秦国开化未久，保留了一些原始遗风，是存在殉葬习俗的。

瑕不掩瑜，秦穆公生前的仁德作风，无疑是给以后的秦国君主打开了一个大格局，为秦国的强盛奠定了基础。

[唐]韩幹 牧马图

知识积累

始作俑者，其无后乎

秦穆公死后发生的殉葬事件，引起了后世很多争议。

关于殉葬，古人有一句非常著名的话，那就是孔子说的"始作俑者，其无后乎"，这句话出自《孟子·梁惠王上》，大意是："那些最开始制作偶人用来为死者陪葬的人，真是恶劣到没有后代了！"

用人形木偶来陪葬，尚且被孔子深恶痛绝，如果是用人来殉

［唐］韩幹 清溪饮马图

葬，那就更是罪大恶极了。这不仅仅是孔子一人的看法，而是先秦贤者们的普遍共识。从这句话的本意看，"始作俑者"是有贬义色彩的。在今天，有人用这四个字来赞扬一个人开创了某种良好风气或潮流，是不妥当的说法。

 ## 视野拓展

五羖（gǔ）大夫

羖，是黑色公羊皮。五羖大夫，即秦国的名相百里奚。百里奚是春秋时期虞国人，做过虞国的大夫。晋国灭掉虞国，百里奚沦为阶下囚。晋献公把女儿嫁给秦穆公，同时把百里奚作为陪嫁的奴仆送到秦国。百里奚羞于这样的身份，就在中途想办法逃脱，来到了楚国。

楚国人抓获了百里奚，但并不清楚他的价值，让他继续做奴隶，为楚国养牛。秦穆公很早就听说百里奚的政治才华，听说了这件事后，就想用重金向楚国赎买百里奚，但他很快意识到，这种举动会引起楚国的疑心从而将这位难得的人才留为己用，于是改为用当时一个奴隶的市价——五张黑色公羊皮——作为交换的筹码，将百里奚赎回了秦国。

到秦国后，秦穆公亲自为百里奚解开身上的枷锁，并委任他为宰相，这时候百里奚已经七十多岁了。在百里奚的辅佐下，秦国进一步走向强盛。后人以"五羖大夫"泛指那些大器晚成的人。

无私 楚昭王历经劫难而不失国的奥秘

本文取材于《史记·楚世家》。

这是一个关于无私的故事，主人公是春秋时期楚国的君主楚昭王。

楚昭王是一个倒霉到家的国君，同时也是一个了不起的人。为什么这么说？看看他的人生经历就知道了。

在本书的"良知"篇章里，我们讲了伍子胥的故事。伍子胥是楚国高官子弟，因为遭到楚平王的迫害，逃到了吴国，然后和吴王一起，率领吴国的军队大举攻打楚国。

伍子胥复仇的时候，楚平王已经死去多年，当时楚国的君主是楚平王的儿子楚昭王。吴国的实力本来就很强，再加上有伍子胥这种能人指挥作战，楚国的军队根本不是对手。

那会儿的楚昭王可以说是狼狈极了：首都被吴军攻破，楚平王的坟墓被伍子胥挖开并鞭尸，更要命的是，吴军并没有任何撤走的意思。

此时此刻的楚国，正面临立国以来最严重的危机，一个弄不好，偌大的基业可能就会彻底崩溃了。

万幸的是，楚昭王逃出了都城，没有被吴军抓到。在这个危急关口，他派了一个名叫申包胥的大臣，星夜兼程赶去秦国，请求秦国出兵帮忙抵抗吴军。

选择跑去秦国求助，乃因楚昭王的母亲是秦国的公主，凭这一层关系，秦国应该不好拒绝。

紧接着，楚昭王继续逃亡。他来到了云梦这个地方，当地的人并不知道他是楚王，以为是流窜的强盗，用弓箭把他射伤了。

这个并没有做错什么事的楚昭王，因为摊上了一个昏庸的父亲，就遭遇了这么巨大的劫难，可以说是倒霉到了家。

这时候吴军还在后面紧追着，楚昭王连悲伤的时间都没有。他继续逃，来到了楚国旁边的一个小国——郧（yún）国。

在郧国安顿下来后，郧国君主的弟弟就跑来跟哥哥说："楚平王以前杀了咱们的父亲，现在他儿子落在咱们手里，这正是咱们报仇的好时机啊！"

郧国的君主也不知道出于什么考虑，并没有同意弟弟这样做，然后还担心弟弟擅自动手，就干脆带着楚昭王离开了郧国，来到楚国旁边的另一个小国——随国。

楚昭王刚进入随国不久，吴王就带着军队追上来了，他们把随国的都城重重包围住，逼随国的人把楚昭王交出来。

昭王身边的一个随从看到这个情景，知道事情已经很危急了，就找到随国的人说，自己愿意冒充楚昭王到吴军那里送死。

随国的人觉得这事可行，不过按照当时的习惯，他们认为应该要占卜一下。

所谓占卜，是指古人在做一些重大事情之前，用乌龟壳或者是其他物件来做一番推演，预测一下结果是吉利还是凶险。

占卜是有神秘色彩的一件事，它跟科学没有关系，更多是起一些心理暗示作用。当人们面临一些不确定性的事情时，往往会诉诸占卜、祈祷等行为，以求事情朝着有利于自己的方向发展。

随国的人占卜之后，发现结果是不吉利的，就阻止了楚国的人去送死，然后派人跟吴王说："楚王并不在我们这里，可能逃到其他地方去了，你们到别处去找找吧。"

吴王当然不信这套鬼话，要求入城来搜楚王。对于这个要求，随国的人不干了，坚决拒绝吴军入城。

在这个时候，可能是因为吴军长途跋涉的缘故，体力消耗极大，已如强弩之末，看见随国态度强硬，评估一番之后觉得并没有胜算，也就没有强行攻城，很快收兵回去了。

不久之后，申包胥从秦国那里借来了军队，打败吴军并且将他们赶出了楚国，化解了这场灾难。

看到这里，我们不禁升起了一个疑问：为什么楚昭王经历了

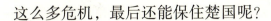

这么多危机，最后还能保住楚国呢？

对于这个问题，我们完全可以说是楚昭王的运气好。

这其实也是一个正确答案。试想想，在吴军包围随国的时候，楚昭王的命运就由不得自己做主了；另外，如果随国人的占卜是另外一种结果，那么他也许就不能生存下来了。

不过，在楚昭王的这些好运气里面，我们看到了一个事实，那就是确实有很多人愿意帮助他。也就是说，他是相当能够得人心的。

楚昭王是怎么做到的呢？我们继续看他的人生故事。

在打退了吴军之后，楚国慢慢恢复了元气。有一次，楚昭王带兵和吴国的军队打仗，不幸的是在路上的时候突然病重，用了所有能用的药治病，都没有什么效果。

在这个时候，当地的天空中出现了一个非常奇怪的现象，一朵红色的云，形状像一只巨鸟，在夹着太阳飞行。

有人跟楚昭王说："这可能是上天把一些祸害降临给您，您可以做一些仪式，把这些祸害转移到您的将军或者宰相身上，这样您就没事啦。"

这个做法其实就是通过牺牲下属来拯救楚昭王。这自然是一种迷信的处理方法，但在无计可施的人看来，也是一个不妨一试的方案。楚昭王的手下听了，表示愿意这样做。

对于这个建议，楚昭王毫不犹豫地拒绝了。他说："将军和宰相就是我的大腿和胳膊，我怎么能把祸害转移到他们那里去呢！"

学生读《史记》中国人的精神品格

紧接着，有人又给楚昭王出主意说："我们已经查到了，这次您得病，主要是黄河在作怪。我们可以对黄河举行祭祀的仪式，这样就能把病从您身上祛除了。"

楚昭王同样拒绝了这个建议。他说："自从楚国建立以来，我们搞祭祀活动都是针对长江或者汉江，因为这两条江在楚国的境内。黄河不在楚国的境内，所以我的病是跟黄河无关的，它不应该背这个锅。这件事不要做。"

很快，楚昭王病死了。之后的事情是，他的手下不仅妥善地处理了他的后事，还顺利安排了他的儿子接班，楚国的局势并没有发生动荡。

孔子听说了楚昭王的这些表现之后，就赞叹说："这个楚王可真是一个懂得大道的人啊，他没有让楚国灭亡，是非常在理的事情。"

我们看到，在楚昭王的身上，有一种叫作无私的品质。什么是无私？它不是要求人只讲奉献、不问收获——事实上，这不是真正的无私，我们每一个人，都有很多正当的利益值得去争取，如果要求别人做事完全不利己，这是不近人情的。

楚昭王生病了，"活下来"是他的正当利益。但他会注意到，不能因为自己想获得这个利益就去损害别人，同时也不能因此而怪罪其他的人或者物。

这意味着，楚昭王身上跳动着一颗公心，让他总是能够为别人考虑，而不是只盘算自己的利益。这是真正的无私。有这种品格，在他危难的时候有那么多人愿意施以援手，也就不奇怪了。

 **知识积累**

"天无私覆，地无私载，日月无私照"

出自《礼记》所载孔子的话，大意是："天无私地覆盖大地，地无私地承载万物，日月无私地照耀天下。"指出天地无私，不因何种人而产生某些偏好的特质。

唐朝诗人曹松的《中秋对月》诗说："无云世界秋三五，共看蟾盘上海涯。直到天头天尽处，不曾私照一人家。"亦本此意。世间那些杰出人物、精深的思想，很多都做到了无私，即把"自我"尽可能地缩小，从而拥有了一个媲美天地般的大格局。

 **视野拓展**

子贡赎人和子路受牛

春秋时期，鲁国出台了这样一条法律：如果鲁国人看到本国的同胞在其他国家成为奴隶，可以把奴隶赎回来，鲁国国库会报销赎金。

有一次，孔子的弟子子贡在国外赎回了一个鲁国奴隶，同时拒绝领取鲁国的赎金，理由是他认为自己做这样的事情是应当的——当然，子贡不拿政府的钱还有一个原因，那就是他非常精

[元]赵雍 先贤图卷（局部）

通做生意，有着很好的经济条件。孔子知道这件事后，非但没有表扬子贡，反而批评了他："救人之后领取政府赎金，对你的品行不会产生什么损害。但如果大家都效仿你这种做法的话，可能以后鲁国人就不会去做赎回鲁国奴隶这样的好事了。"

还有一次，孔子的另一个弟子子路，救了一个溺水的人，获救者对子路非常感激，事后送了一头牛给子路作为谢礼。子路接受了这一份厚礼。孔子听说这件事后，感到非常高兴，说："从今以后，鲁国人会更加有动力去救那些溺水的人了。"

子贡救人而不领政府赎金，把自己的人格打造得很高洁，看

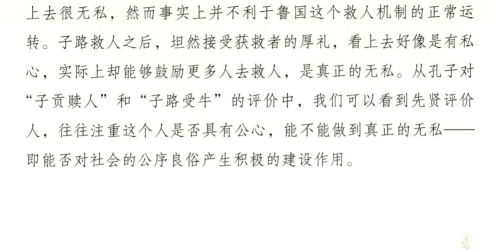

上去很无私，然而事实上并不利于鲁国这个救人机制的正常运转。子路救人之后，坦然接受获救者的厚礼，看上去好像是有私心，实际上却能够鼓励更多人去救人，是真正的无私。从孔子对"子贡赎人"和"子路受牛"的评价中，我们可以看到先贤评价人，往往注重这个人是否具有公心，能不能做到真正的无私——即能否对社会的公序良俗产生积极的建设作用。

本文取材于《史记·范雎蔡泽列传》。

这是一个关于念旧的故事，主人公是战国时期的范雎（jū）。范雎是当时的一个风云人物，他的人生经历特别惊心动魄，如果拍成电影的话，将会是一部精彩的大片。

在战国时期，各国之间经常发生战争。有战争，也就意味着同时也有很多外交活动。在这种情况下，一大批出身于贫寒家庭，同时既有知识又能说会道的人就有了一片广阔的用武之地。

因为这一批人经常游动在各个国家之间，为各国的君主出谋划策，所以人们称他们为"游士"，也叫"纵横家"。

游士是一个很特殊的社会阶层，他们兴盛于战国时期，在之后的各个朝代里面也有游士，但都不如在战国时期那么吃香。

在战国时期，游士既被各国的统治者喜欢，同时也被统治者提防。

被喜欢，是因为游士确实有能力，掌握的信息也很多。

被提防，是因为他们有这样的特性：哪里有好处就往哪里跑，没有什么节操，万一国家出了问题，首先开溜的往往就是这些人。

不过，在各个国家里面，秦国对待其他国家的游士，表现出了最大的包容度。

范雎就是这批游士里面的一员。

他出生于魏国一个特别贫穷的家庭，生活很困难，就希望给魏国的国王做参谋，然而那时的范雎还没有什么名气，一时难以接近魏王，所以他就采取了一个迂回的方式：先成为魏国官员须贾（gǔ）的门客。

有一次，魏王派遣须贾出差到齐国去。作为须贾的助手，范雎也跟着一起去了。

也许是因为这次的任务很重，大家在齐国待了好几个月，都没有完成工作。没想到，齐王特别欣赏口才了得的范雎，高兴之下，赏给范雎十斤黄金以及一些牛和酒。

团队的工作没有做好，自己个人反而受到了赏赐，范雎的心不是很安，所以就推辞了齐王的好意。

须贾知道了这件事，认为范雎把魏国的秘密卖给了齐国，回国之后，就把这件事告诉了魏国的宰相魏齐。

魏齐一听，极其愤怒，派人把范雎抓了起来，严加拷问，把范雎打得肋骨折断，牙齿掉了一地。

打着打着，范雎的身体失去了反应。

魏齐以为范雎死了，但还是不解气，就派人用席子把范雎卷了起来，扔到厕所里面去。然后，魏齐就和客人们喝酒作乐去了。在喝酒的过程中，这些人上厕所，反复地往范雎的身上撒尿。

时间一分一秒地过去了。在一个没有人上厕所的空隙，范雎突然睁开了眼睛，对看守他的人说："您如果能够把我放了，我以后一定会重重地酬谢您！"

原来，范雎是在装死。

看守的人同意了范雎的请求，就跟魏齐报告说："席子卷着的那个死人，应该可以丢掉了。"

这时候，魏齐已经和客人喝得烂醉如泥，想都没想就答应了。

范雎逃出去之后，化名为张禄，在朋友的帮助下迅速逃离魏国，来到了秦国。

在秦国，范雎非常有耐心地一步步接近秦王，并且为秦国立下了很多大功，后来做上了秦国的宰相，成为一个能够影响天下局势的人。在这个时候，他还在使用张禄这个名字。

有一次，魏王收到的情报显示：秦国将要出动大军来攻打魏国和韩国。

魏王特别慌张，派须贾到秦国去，尝试说服秦国的宰相张禄，让秦国不要出兵打仗。

范雎知道须贾来了秦国，心里一动，就打扮成一个穷人的模样，一个人步行去找到了须贾。

须贾看到消失多年的范雎突然出现在了自己的面前，大吃了一惊，说："老兄别来无恙！你现在是想来当秦王的说客吗？"

范雎摇了摇头，说："我以前得罪了魏齐，所以逃到了这里，连生活都弄不好，怎么敢想那些事呢。我现在帮人做一些杂活儿，勉强能够养活自己。"

须贾看着范雎穿得破破烂烂的，心里也觉得难过，就请他吃饭喝酒，同时把自己的一件绨（tí）袍（厚实暖和的袍子）送给了范雎。

这个小细节，救了须贾一命。

范雎告诉须贾，自己可以帮忙把他带到张禄家去。

须贾坐上范雎准备好的大马车，一路顺畅地驶入宰相府。府中人看见他们的车驾，忙不迭地回避。须贾心里觉得有点奇怪。快到宰相办公场所的时候，车驾停下，范雎对须贾说："你先等我一下，我进去跟宰相打个招呼。"

结果范雎进去了很长时间也没有出来。须贾于是问门卫："范叔怎么这么久了还没出来？"门卫回答："这里没有范叔这个人。"

须贾这才明白，原来张禄就是范雎。想起自己以前对范雎做过的事，须贾心里感到非常恐惧，赶紧请门卫传达自己的谢罪之意，恳求范雎饶自己一命。

范雎让众多下属在宰相府中摆起充满威严的阵仗接见须贾。须贾跪伏在地，不断地向范雎叩头谢罪，连声求饶。

学生读《史记》中国人的精神品格

范雎问须贾："你知道你有多少条罪吗？"

须贾说："哎呀，把我的头发拔下来数，都数不清我对您犯下的罪行呀！"

范雎说："你有三条罪。第一，我是魏国人，一心想为魏国做出贡献，然而你却在魏齐面前说我暗通齐国；第二，魏齐把我扔进厕所，对我进行这样极端的侮辱，你没有制止他；第三，那些朝我撒尿的人里面，你也有份。但是我为什么不杀你呢？是因为你给我赠送了袍子，说明你心里还把我看作老朋友（《史记》原文为"绨袍恋恋，有故人之意"）。"

接下来，范雎设宴款待各国的使者，美食佳肴应有尽有，大家在堂上觥筹交错，宾主尽欢。与此同时，范雎让须贾坐在堂下，在他面前摆了一些用杂草劣豆做成的"食物"，安排了两个凶神恶煞的犯人夹在须贾两侧，强迫须贾在大庭广众像牲畜一样吃面前的"食物"。

当着众人的面，范雎大声呵斥须贾："我的仇人是魏齐，魏国如果不把他的人头给我送上来，我就出兵屠灭魏国的首都大梁。"

对须贾进行了一番羞辱报复后，范雎放了他。须贾逃命般赶回魏国，把自己在秦国重遇范雎的事告诉了魏齐。

魏齐一听，震惊莫名，马上逃亡到外地去。但由于秦国的威势实在太强，其他国家的人都不太敢接收魏齐。在绝望之中，魏齐自杀了。

范雎顺利报了仇，也找到了当年帮助过自己的人，全部都给予了厚重的酬谢。

　　范雎不杀须贾这件事，在历史上传为美谈，古人称为"绨袍之义"，提倡我们应该要有念旧这种品质。

　　所谓念旧，意思就是说，即使我们和朋友的关系破裂了，但是以后如果有机会相遇，还是应该要感念和朋友之间的旧情，不要把事情做绝。

 **知识积累**

"故者毋失其为故"

　　念旧，是古人非常看重的一种品质。在宋代，有学生这样问自己的老师、学者朱熹："交了一个朋友之后，发现对方人品不好，这时候如果马上跟朋友绝交，就会伤害过去的恩情，毕竟作为朋友，肯定都有过互相帮助的时候。但如果不绝交，又好像是隐藏内心真实看法而刻意和对方交朋友，这就成了孔子所批评的'匿怨而友其人'了。该怎么办呢？"

　　朱熹说："'匿怨而友其人'指的是内心本来就对别人不满，在这样的前提下还是跟别人做了朋友。这是不应该的。你这种情况不是这样，因为你交朋友的时候并没有对朋友不满。如果朋友不肯改掉不好的地方，你要疏远对方，但注意要慢慢疏远。如果对方没有做什么大的错事，不要骤然断绝关系。这就是'亲者毋失其为亲，故者毋失其为故'。"

 视野拓展

楚庄王绝缨

春秋时期，楚庄王请大臣们吃晚饭，灯烛忽然灭掉，在黑暗中，有位大臣趁机去拉楚庄王爱妃的衣服。楚庄王爱妃非常生气，用手扯断了大臣的帽带，并且立即把这件事告诉庄王，建议点燃烛火找出那个人。

楚庄王没有听从爱妃的意见，反而命令在场每一个人都弄断自己的帽带，然后才点灯，这样就找不出调戏爱妃的人了。当晚，大家尽欢而散。

三年后，楚国和晋国打仗，有位楚国将领非常勇猛，不顾性命地冲锋陷阵，帮助楚军获得大胜。楚庄王细问之下，才知道这位将领原来就是当初调戏自己爱妃的人，这次奋勇杀敌是为了报答君王三年前的不杀之恩。

后来，人们用"绝缨"（弄断帽带）来作为宽厚待人的典故。

礼让

延陵季子的人格
垂范千秋

本文取材于《史记·吴太伯世家》。

这是一个关于礼让的故事。大概每一个中国人从小都会听说过这样一个掌故：东汉时期，有一个名字叫孔融的人，幼时和哥哥一起吃梨，每次都吃最小的那个，大人看到了，就问孔融为什么这么做，孔融回答："因为我年纪最小啊，所以要把大的梨让给哥哥。"

这个故事里蕴含的就是礼让精神。

礼让精神当然不是在孔融那个时代才有的，在孔融之前，有一个加强升级版的礼让故事值得我们去了解。因为孔融让的只是梨，而这个故事里的人让的是一国之君的宝座。

故事的主人公名字叫季札，是春秋时期的吴国人，因为曾经被封到了延陵这个地方，所以后人也把他叫作"延陵季子"。

吴国起源于一个非常动人的传说。

周朝的远祖周太王有三个比较有名的儿子，老大叫太伯，老二叫仲雍，最小的叫季历——季历的儿子姬昌，就是后来大名鼎鼎的周文王。

周太王非常喜欢季历和姬昌这父子俩，就有意把位子传给季历。慢慢地，太伯和仲雍都知道了父亲的心意，两人合计了一下，决定一起离开父亲身边，好让弟弟以及侄子顺利接班。

兄弟俩这么一走，就再也没有回去。他们来到了今天江苏苏州一带，当时这里相对于中原来说，是非常荒凉偏远的地区。经过多年的苦心经营，太伯和仲雍创立了吴国。

太伯去世了之后，由于没有儿子，就让弟弟仲雍做了吴国的君主。仲雍传了十几代之后，由一个名叫寿梦的后代继位，这时候的吴国更加强大了，而周王朝则衰落了。

从寿梦这个时候开始，吴国的国君就称"王"了，表示吴国的地位跟周王朝一样。这在当时是一件比较有挑衅意味的事情，同样这么干的还有楚国、越国，他们的国君也称"王"。至于其他的国家，国君名称还是称"公""侯"之类的，至少在表面上还服从周王朝。

寿梦有四个儿子，最小的儿子就是季札。

季札这个人相当聪明，也非常能干。寿梦很喜欢他，就想学当年的周太王一样，把君主的位子传给最小的儿子。

季札知道了这件事之后，明确拒绝了父亲。

寿梦没办法，就让季札的大哥接了王位。在寿梦死了之后，大哥找到了季札，说："还是由你来当吴国的国王吧。"

这一次，季札同样也拒绝了。他跟大哥说："由大儿子来继承王位，是天经地义的事情，您来做国王，谁敢说您不对呢？我是小儿子，国王位子不是我应该拥有的东西。"

季札的大哥没有办法，继续当国王。但他是一个很有孝心的人，总想要完成父亲生前的心愿，于是在自己去世之前，把王位传给了老二，并且叮嘱老二说：如果你去世了，记得要把位子传给老三，让老三再传给季札。

由于季札的高风亮节，不仅吴国的人尊敬他，其他的国家也非常欢迎他。于是，季札成了吴国的外交官，常出使到齐国、鲁国和晋国这些国家去。

在他第一次出使外国的路上，经过了徐国，这是春秋时期的一个小国。徐国的国君热情接待了季札，并且一眼就喜欢上了季札随身带着的那把宝剑。在那个时候，剑是相当贵重的东西，徐君不好意思开口让季札送给自己。

不过，虽然徐君口头没说，但他脸上对宝剑心动的表情，已经被季札看在了眼里。季札不作任何的表示，很快就辞别了徐君，继续赶去其他国家公干。

当他返程回吴国的时候，再次路过了徐国。这时，之前接待他的那个徐君已经去世了。季札就直接找到了他的墓地，把宝剑解下来，挂在墓地旁边的树上。

身边的随从看到了，不是很理解，跟季札说："徐君都已经死了，您把剑挂在树上，是要送给谁呢……"

季札摇了摇头，说："话不是这样讲的。我跟徐君第一次见面的时候，其实已经在心里答应了要把宝剑送给他的，只是因为我还要到其他的国家去，身上不能没有这件东西，所以决定回来时再送给他。现在怎么能够因为他不在人世了，就违背我当初的心愿呢？"

这就是经典的"季札挂剑"的故事，古人常用这四个字来形容人的气度不凡。

季札的三哥当了国王，也没有忘记哥哥们交代的任务，在临终的时候，指定要季札继承王位。

在这个时候，季札似乎很难再推让了，他想到了一个老法子，那就是：逃！坚决不当国王。

这下子，吴国人彻底没辙了，立了季札的侄子当国王。

可以这样说，季札一辈子都在做着礼让这件事。

礼让精神是很多人都喜欢强调的，但是如果我们深入历史之中，就会发现有不少人的礼让只是装出来的样子，因为他们骨子里是极不情愿让出好东西的，之所以礼让，往往是迫于舆论的压力，或者希望博取一些好的名声。

不过，季札并不是这样的人。礼让是流淌在他身上的血液，只要符合他心中的道义，小至让剑，大至让国，都无所不可。

《史记》有三十篇世家，《吴太伯世家》排第一。有意思的是，《史记》七十篇列传的第一篇《伯夷列传》，也讲了伯夷、叔齐逃让国君之位的故事。古人认为，这说明了司马迁非常重视礼让精神。

　　培养礼让精神，除了能提升我们的修养，还能给人带来什么好处？我们再来看看季札的故事。

　　有一次，季札访问齐国，见了齐国的宰相晏子，两人都非常欣赏对方。在离别的时候，季札叮嘱晏子："听我一句话：赶紧把您手中的权力以及政府赏赐给您的土地，都归还给政府。根据我的观察，齐国内部很不稳定，如果您长期拥有这些东西，以后可能会为您带来灾难。"

　　晏子是一个非常聪明的人，闻言马上醒悟，根据季札的建议做了安排。后来，齐国内部果然发生了动乱，晏子因为提前让出了权力和土地，最终平安无事。

　　可见，古人提倡礼让，并不是没有原则地劝人让出好的东西，而是提醒人们不要贪心。一个人懂得礼让，会有两个好处：一是像季札和晏子那样，避免惹祸上身；二是聚集更多有能力的人和自己一起做事。我们看到，历史上那些成就大事的人，如果占有了名声或地位，经常会让出利益；如果占有了利益，往往会让出名声。这些做法的背后，就有礼让精神在起作用。

知识积累

戒之在得

礼让精神的反面，是贪得无厌。

《论语》记载了孔子这样一个说法："君子有三戒：少之时，血气未定，戒之在色；及其壮也，血气方刚，戒之在斗；及其老也，血气既衰，戒之在得。"这番话的大意是："君子有三戒：在少年（三十岁前）时期，血气未定，要戒好色；到了中年（三十岁后），正处于血气方刚的时候，要戒好斗；到了年老（七十岁后），要戒贪得无厌。"

《淮南子》说："凡人之性，少则猖狂，壮则暴强，老则好利。"在先贤的认知里，人年老的时候，就像冬天那样喜欢敛藏，往往贪求名利而无厌，所以一定要以此为戒。

 **视野拓展**

"伯、仲、叔、季"排行

古人用用"伯、仲、叔、季"来为多个兄弟姐妹进行排序。"伯"是老大，"仲"是老二，"叔"是老三，"季"最小。如果人数超过四个，那么老三以及最小那个孩子前面的人，都可以称"叔"。《史记·管蔡世家》说："（周）武王同母兄弟十人。母曰太姒，文王正妃也。其长子曰伯邑考，次曰武王发，次曰管叔鲜，次曰周公旦，次曰蔡叔度，次曰曹叔振铎，次曰成叔武，次曰霍叔处，次曰康叔封，次曰冉季载。冉季载最少（shào）。"

孔子名丘，字仲尼，从这里可以看见他在家中排行老二。刘邦出身寒微，起初没有像样的名字，大家称他为刘季，意味着他

［明］戴进 渭滨垂钓图

是刘太公最小的儿子。

　　还有一种排行是"孟、仲、叔、季","孟"和"伯"的位置相同,都是老大,不同的是,古人认为"伯"是正妻生的长子(嫡生),"孟"是妾生的长子(庶出)。也有说法认为,"孟"应该是指长女,因为周秦时期对女性的称呼多带有"孟"字,例如传说中的孟姜女即属此类(孟姜女姓姜,是姜家长女)。这个说法也有一定道理。

　　"伯(孟)、仲、叔、季"亦多用于其他方面的排序。比如孟夏(夏季第一个月,即农历四月),仲夏(农历五月),季夏(农历六月)。

友恭

卫国太子伋和公子寿碰撞出灵魂火花

本文取材于《史记·卫康叔世家》。

这是一个关于友恭的故事。友恭即"兄友弟恭"的简称,是古人强调的兄弟间相处的准则:兄长要以友爱的态度对待弟弟,弟弟要以恭敬的态度对待兄长。

故事发生在春秋时期的卫国,主人公有两个,一个是卫国国君卫宣公的太子,单名一个"伋"(jí)字,古人叫他为"太子伋";另一个也是卫宣公的儿子,和太子伋是同父异母的关系,单名一个"寿"字,古人叫他为"公子寿"。

卫国在今天的河北省以及河南省的部分地区,开国君主叫卫康叔,是周武王的亲弟弟。卫康叔是一个很有才能的人,但是在后来,他的继任者多数都不太争气,以致卫国经常发生动乱,成

为先秦时期内乱最多的国家。本文的故事就是卫国众多内乱事件中的一个。

事情的源头还是出在卫国的君主身上。

卫宣公是卫国的第十五任君主，是一个荒淫无度的人。他指定了太子伋接自己的班，后来为太子伋娶妻子的时候，发现准儿媳妇非常好看，就自己娶了这位女子，然后再给太子伋找另外的妻子。

国君抢太子的妻子这种不伦之事，后来也在楚国发生了——楚平王夺走了太子的未婚妻，导致楚国发生了一场重大灾难，伍子胥出走吴国，后来带兵回来复仇，差点导致楚国灭亡。

卫宣公抢了太子伋的妻子之后，和那位女子生下了两个儿子，一个就是公子寿，另一个是公子朔。

公子寿和公子朔这两个人虽说是同一个母亲生的，但性情天差地别。公子寿的天性很善良，公子朔则是一个非常阴险的人。

卫宣公由于对太子伋做过亏心事，心里有鬼，对太子伋越来越差。有些人在做了坏事之后，会想办法去补偿受害者，但卫宣公不是这种人，他因为害怕太子伋的报复，就更加厌恶他，慢慢地有了废除太子的想法。

公子朔抓住了父亲的这个心理，联合了父亲身边的人，不停地造太子伋的谣，比如"太子伋心怀怨恨""太子伋将要对父亲不利"这种话，每天环绕在卫宣公的周围。

久而久之，这些谣言点燃了卫宣公心中的怒火。有一天，卫宣公觉得不能再忍受下去了——这一次，他不仅要废除太子伋，更是想直接把他杀掉。

卫宣公想了一个计谋：让太子伋去齐国做国事访问，同时秘密安排一群强盗埋伏在齐国和卫国的交界处。

卫宣公方面告诉强盗："你们这次要杀的，是一个手里拿着一面白旄旗子的人。"白旄就是以牦牛尾为饰的军旗。

强盗收到命令之后，马上开始了行动，他们埋伏在事先定好的位置上，静静地等待目标人物出现。

刚做好埋伏没多久，路上就有了情况：一个年轻的男子出现了，手里拿着一面白旄旗子，向齐国的方向走去。

强盗们仔细观察了一会儿，发现这个人拿着的就是卫宣公说的那种旗子。看到对方只有一个人，强盗们心里一阵窃喜，一拥而上把这个人杀了。

过了没多久，路上突然又出现了另一个男子，从卫国的方向飞奔而来。他跟这些强盗说："你们杀错人了！卫君想要杀死的是我，现在你们把我也杀了吧！"

强盗见此情景，蒙了一下：既然这个人已经知道了内情，不杀也不行了！于是蜂拥过来把这个人也杀了，然后回去向卫宣公汇报。

卫宣公赏赐了这群强盗，之后对外宣布说：太子伋和公子寿在出使齐国的路上，不幸被强盗杀死了，现在改立公子朔为太子。

卫宣公要杀的是太子伋，为什么死的人里面多出了一个公子寿呢？

　　原来，善良的公子寿知道了父亲要杀太子伋的计划之后，就心急火燎地去找到太子伋，劝他别上当："父亲安排了人埋伏在路上要把您杀掉，您千万别去齐国，还是赶紧逃命吧！"

　　太子伋听了，沉默了一会儿，说："为了求生而违抗父亲的命令，唉，这种事我做不来啊，我还是去吧。"

　　公子寿劝了半天，都说不动太子伋，情急之下，决定代哥哥去受死。他把太子伋的军旗偷了出来，然后马上动身去齐国。接下来的事情，大家都知道了：公子寿成了第一个被强盗杀死的人。

　　太子伋很快发现公子寿偷走了旗子，他没有一丝的犹豫，马上动身去追弟弟，于是成了第二个被杀死的人。

　　这是一个非常惨烈，也非常令人唏嘘的故事。

　　其实，面对卫宣公这种不配做父亲的人，太子伋和公子寿的死究竟值不值得呢？答案应该是非常清楚的：完全不值得。

　　我们来回溯一下这个事件的过程：太子伋不忍心看到父亲不开心，所以明知父亲将要对自己不利，还是决定落入父亲的圈套；公子寿不忍心看到哥哥受到伤害，所以决定代替哥哥受死；最后，太子伋也不忍心弟弟为自己丢了性命，所以和弟弟一起死了。

　　古人讲究父慈子孝，然而如果父亲不慈，不具备父亲应有的样子，做儿子的如果还一味讲究孝，那就成了死守教条的愚孝，不会得到贤者的称扬。卫国这一场悲剧（也可以说是闹剧），既根源于卫宣公的残忍和暴戾，又跟太子伋的愚孝息息相关。

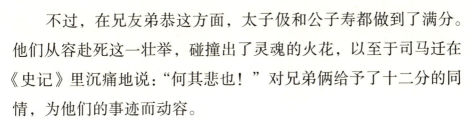

不过，在兄友弟恭这方面，太子伋和公子寿都做到了满分。他们从容赴死这一壮举，碰撞出了灵魂的火花，以至于司马迁在《史记》里沉痛地说："何其悲也！"对兄弟俩给予了十二分的同情，为他们的事迹而动容。

兄友弟恭的精神很简单，所强调的是兄弟姐妹之间要具备同等的、相互的尊重和爱护之情。这一条通则不仅可以应用于家庭内的兄弟姐妹之间，还可以广泛应用于今日的社会人群中。

 **知识积累**

"礼貌衰，则去之"

父母对自己不好，子女应该怎么办？公司或领导对自己很糟糕，员工应该怎么办？这些事从古至今都不新鲜，古人其实一早就有了明确的答案，那就是《孟子·告子下》所说的："礼貌衰，则去之。"大意是："如果一个人对你没有礼貌，那么你就应该远离他。"

卫宣公对待太子伋如此恶劣，甚至动了杀心，太子伋不应该顾念已荡然无存的父子之情，而应选择迅速远离父亲，等待回国的机会——晋国的公子重耳也跟太子伋一样，受到了父亲的无情迫害，但他选择了出走列国，最终回到晋国即位，晋国成为"春秋五霸"之一。

职场也是如此。当一个员工能力符合公司的要求并且爱岗

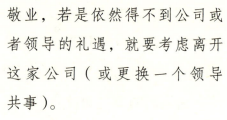

孟母斷機教子圖

鄒孟軻之母也號孟母其舍近墓孟子之少也嬉遊為墓間之事踴躍築埋孟母曰此非吾所以居處子也乃去舍市傍其嬉戲乃賈人衒賣之事孟母又曰此非吾所以居處子也復徙居學宮之傍孟子乃嬉遊為設俎豆揖讓進退孟母曰真可以居吾子矣遂居之及孟子長學六藝卒成大儒之名君子謂孟母善以漸化詩云彼姝者子何以予之此之謂也孟子之少也既學而歸孟母方績問曰學何所至矣孟子曰自若也孟母以刀斷其織孟子懼而問其故孟母曰子之廢學若吾斷斯織也夫君子學以立名問則廣知是以居則安寧動則遠害今而廢之是不免於廝役而無以離於禍患也何以異於織績而食中道廢而不為寧能衣其夫子而長不乏糧食哉女則廢其所食男則墮於修德不為竊盜則為虜役矣孟子懼旦夕勤學不息師事子思遂成天下之名儒君子謂孟母知為人母之道矣詩云彼姝者子何以告之此之謂也昔

乾隆二十八年歲次昭陽協洽臬月既濟生畫於西子湖頭讀魯樓茸識

[清] 康壽 孟母教子圖

敬业，若是依然得不到公司或者领导的礼遇，就要考虑离开这家公司（或更换一个领导共事）。

当受到不礼貌对待时，作为个体的人如果选择待在原地耗下去或与机构对抗，将会得不偿失。一方面，正是因为双方力量对比悬殊，所以对方的不礼貌对待才会对个体造成痛苦，对抗的结果大概率会以个体的失败告终；另一方面，由于在过往的关系中，强势一方往往对个体有恩，即便个体在对抗中取得胜利，也会承担"背恩"这一较大的道德风险。

当然，在现代社会中，如果是一个人受到他人的不法对待，这时应该做的就不是隐忍或远离，而是拿起法律武器来保护自己了。

视野拓展

卫懿公好（hào）鹤

公子朔取代太子伋成为宣公的接班人并继位，是为卫惠公。惠公死后，其子卫懿公即位。卫懿公是历史上有名的荒唐君主，在位期间骄奢淫逸，极其喜欢养鹤，为爱鹤配备了车子——这是大夫这种重臣才有的待遇。不仅如此，卫懿公还根据不同类型的

［宋］赵佶 瑞鹤图

鹤，制定了一整套的"官职体系"，耗费国家大量的财物来满足他的这个嗜好。

卫国周边的赤狄部落（在今山西一带），得知卫国这种情况，便乘机发兵来侵犯。卫懿公组织兵马进行抵抗，然而很多将士并不愿意出战，说："让卫公的鹤去抵御敌人吧！那些鹤都享受了高官厚禄，应该为君主解决忧患！我们这些人打不了仗啊！"卫懿公就在这样人心涣散的情况下，勉强凑成一支不齐心的军队反击狄人，最终惨败被杀。

卫懿公死后，早就不满卫惠公得位不正的卫国大臣们，乘机杀死了惠公的后裔，拥立太子伋同母兄弟昭伯的儿子为国君。

情义

栾布超越生死哭彭越

本文取材于《史记·季布栾（luán）布列传》。

这是一个关于情义的故事，主人公名叫栾布。

两汉有几个作战非常英勇的人，名字都有一个"布"字：西汉初年有黥（qíng）布、季布、栾布这几位猛将，东汉末年的吕布也是当时的顶级武将。

栾布的身世非常跌宕起伏。在西汉王朝的建立过程中，他的功劳其实并不算很大。与韩信、彭越这些大将比起来，栾布可以说是一个不折不扣的"小人物"，但是在《史记》里面，栾布被司马迁写进了列传当中，取得了跟韩信、彭越一样的待遇。

为什么会这样呢？带着这个问号，我们来了解一下栾布的故事。

　　谈到栾布，不可避免地要说到彭越。栾布一生的命运跟彭越息息相关。

　　刘邦能够战胜项羽，在军事上主要依靠这三个人：韩信、黥布、彭越。如果缺了其中一个人的支持，刘邦都有可能打不赢项羽。

　　彭越活跃在战国时属于魏国的一带地区，是一个贫寒人家的子弟，生活特别艰难，艰难到实在活不下去了，就和一群人去做了强盗。

　　后来，陈胜、吴广揭竿而起，成为第一股反对秦朝统治的势力。天下苦秦已久，各地豪杰纷纷响应，这时候也有很多人怂恿彭越起兵反秦。彭越不慌不忙，笑着说："不急，现在是两条龙在斗，我们再等等看。"

　　陈胜、吴广的起义被镇压下去了，但是秦朝的统治根基遭到了严重的动摇，各地的起义运动可以说是如火如荼。这时候，彭越见时机已到，就顺势而起，带领手下高举反对暴秦统治的旗帜，逐渐发展成一股非常重要的军事势力。其后，他投归到刘邦的部下，帮助刘邦建立了汉朝。

　　栾布出生于魏国，和彭越是朋友。这两个人可以说是识于微时，在没有成名的时候就建立了很好的关系。当时栾布做着酒保工作——也就是我们常说的店小二，干的是跑腿的活儿，非常辛苦。

　　更辛苦的事还在后面：栾布被人卖到了燕国当奴隶。无论是在哪个时代，奴隶的地位都是最低贱的。这时候的栾布，命运要比彭越凄惨: 彭越虽然做了强盗, 名声不好, 但起码有自由, 而栾布却是连自由都没有了。

然而, 栾布成为奴隶之后, 竟然迎来了命运的第一次重要转折。

当时, 栾布的主人跟人结了仇, 惹下了很大的麻烦。栾布看到这种情况, 就挺身而出, 为主人报了仇。

这件事得到了当时燕国将军臧 (zāng) 荼 (tú) 的欣赏, 臧荼不仅帮助栾布脱离了奴隶的身份, 还请他出任都尉一职, 这是一个武官职位, 非常适合栾布这样的人去做。

其后, 臧荼投靠了刘邦。天下统一了之后, 臧荼看到刘邦陆续杀害开国功臣, 心中产生了恐惧, 有了谋反的意图。臧荼的实力当然是远远不能跟刘邦抗衡的, 很快就被刘邦的军队打败并且丢了性命。

在这场变故中, 栾布作为臧荼的手下被刘邦的军队抓获了。等待他的结局, 很可能就是被处死。

在这个危急关头, 栾布多年没有见面的老朋友彭越出现了。

这时候的彭越被刘邦封为梁王, 地位远远高于臧荼。他知道栾布被刘邦抓起来后, 赶紧跑去向刘邦求情, 请他放过自己的老朋友。

刘邦看到彭越态度这么恳切, 就给了他一个面子, 非但没有杀栾布, 更是允许他到彭越的手下做官。

就这样, 栾布和彭越又相遇了。但是他们的好日子没有持续很长时间, 一场更大的变故到来了。

当时国内有人谋反，刘邦亲自带兵去讨伐，同时还给彭越下了一道命令，让他也带兵来协助自己镇压叛军。

彭越收到了消息，声称自己生了病，不能行军打仗，只派出手下带着一些兵马去见了刘邦。

这引起了刘邦的愤怒。不久之后，刘邦就逮住一个机会，把彭越抓了起来，给他安了个谋反的罪名，最后把彭越本人及其整个家族都杀了。

也不知道为什么刘邦会这么恨彭越，他怒气冲冲地把彭越的头挂在洛阳城里，并且贴出公告说："谁敢来为彭越收尸，就抓起来处死！"

栾布看到了这个公告，二话不说，马上跑去把彭越的头颅取下来，摆在一个祠堂里痛哭一场，为老朋友拜祭了一番。

很快，官府的人马赶过来，把栾布五花大绑，押到了刘邦面前。

刘邦痛骂栾布："彭越想要谋反，所以我把他杀了。你来祭他哭他，显然当初就是想跟他一起谋反，现在我要把你放到锅里活活煮死！"

刘邦把话说完，就命令手下把栾布扔到锅里。

在这个时候，栾布脸上丝毫没有畏惧的神色，平静地跟刘邦说："我请求说完一番话之后再死。"

刘邦冷冷一笑："行，你说吧。"

栾布说："当时您和项羽在争夺天下的最关键时候，彭越是中立的，他想帮谁，谁就能够赢得天下，但是他最终选择了帮

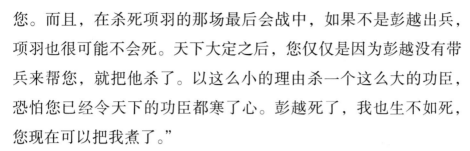

您。而且，在杀死项羽的那场最后会战中，如果不是彭越出兵，项羽也很可能不会死。天下大定之后，您仅仅是因为彭越没有带兵来帮您，就把他杀了。以这么小的理由杀一个这么大的功臣，恐怕您已经令天下的功臣都寒了心。彭越死了，我也生不如死，您现在可以把我煮了。"

刘邦听了这一番话，表现得大受感动，当场就释放了栾布，并且像当年的臧荼待栾布一样，给了栾布一个都尉的官职。后来，栾布升为将军，屡屡建立战功，最终得到了汉廷的封侯。

值得一说的是，刘邦愿意放过栾布，并不能代表他认同栾布这番话，而是这一年清除了彭越、韩信之后，他已经除去了大部分的心腹大患，至于栾布，影响力小，成不了什么气候——在此前历次变故中，栾布都能安然无恙，已证明刘邦并不把他当一回事。放过栾布这样一个没有什么威胁的小人物，有助于塑造刘邦宽宏大量的形象，从而拉拢一些人心，符合刘邦的利益。

不管怎样，栾布身上已经完好地体现出一种超越生死的情义。到了后世，"栾布"两个字似乎成了"情义"的代名词：他被迫卖身为奴，却能仗义为主人家报仇；当了臧荼的手下，在臧荼被刘邦杀死之后，他也没有主动向刘邦投降；再后来不顾死亡威胁哭祭老朋友彭越，更是为他这重情重义的一生谱下了最浓墨重彩的一笔。

无论在什么样的时代，情义都是极其珍贵的东西。这个世界越多重视情义的人，就越美好。

 知识积累

"君子之交淡若水"

《庄子·山木》："君子之交淡若水，小人之交甘若醴（lǐ）。君子淡以亲，小人甘以绝。"大意是："君子之间的交情像水那样淡，小人之间的交情像甜酒那样甘。君子的交情虽然淡但能够长久，小人的交情虽然甜蜜然而很快会断绝。"

这番话道出了交友的真谛：君子的交情，主要基础是共同的价值观，且互相之间守着一定的边界，交往中的人看上去感情很淡，其实关系非常持久；小人的交情，主要基础是相同的直接利益诉求，交往中的边界感很模糊，当事人看上去如胶似漆，但很容易就出现利尽交绝的情况。

栾布与彭越就是君子之交，他们平时可能不会经常盘桓在一起，但一旦对方发生什么事情，另一方都能够挺身而出。

在现实生活中，我们会结交各种不同类型的朋友，不能奢求与每一个朋友都是真正的君子之交——事实上这样的朋友也不可能多，一个人一辈子往往就只交几个这样的朋友——在这种情况下与朋友交往，就需要保持真诚，又要有边界感和分寸感，谨防"小人之交甘以绝"的情况出现，让友谊关系长期良好地运转。

视野拓展

苏轼和王巩的故事

朋友之间的深挚情义，不一定都要做到像彭越和栾布这样惊天动地，像北宋的苏轼和王巩（字定国，诗人），也是一流交情的典范。宋神宗时期发生了一桩著名的"乌台诗案"，苏轼遭到小人陷害，被贬到湖北黄州出任一个级别很低的职位。王巩受到苏轼的牵连，被贬到了广西宾阳，是"乌台诗案"众多受害者中贬所最远的人。

屋漏偏遭连夜雨，在这段黑暗岁月中，王巩的两个儿子，一个死在贬所，一个死在家里。看到王巩因自己而被贬，苏轼内心一直过意不去，当得知王巩后来的悲惨遭遇之后，就更加断定王巩内心一定很怨恨自己，于是不怎么敢主动和王巩写信交流。

后来，王巩从广西返回江西后，给苏轼寄去了自己在广西时期写的诗，里面的作品写得雅正平和，令人如沐春风。苏轼读了之后非常感慨，认为王巩真正做到了孔子说的"不怨天，不尤人"，同时更感到"自恨期人之浅也"（《王定国诗集叙》），惭愧自己之前把王巩看浅了。

厚道

长者之风让韩安国成为国家重器

本文取材于《史记·韩长孺列传》。

这是一个关于厚道的故事，主人公名叫韩安国，是汉景帝和汉武帝时期的人物。

所谓厚道，指的是为人善良、宽容，遇到事情能够为别人着想，希望别人好。我们来看看这故事是怎样体现出他的厚道的。

对于今天的我们来说，韩安国并不算是一个特别有名的人。他的出身确实也比较低微，没有显赫的家庭背景，并且还有很多缺点，例如贪财，被史家记录了下来。但正是这样的一个人，却在汉武帝的时候做上了御史大（dà）夫。

御史大夫是一个什么样的官职？在西汉的官员体系中，丞相、御史大夫、太尉处于最高序列。古人把这三个官职叫作"三公"，皇帝而下，就数三公的地位最为显赫。丞相相当于今日的总理，辅佐皇帝治理天下、管理群僚；御史大夫的地位仅次于丞相，主要负责掌管官员的纪律等事项；太尉主要负责掌管国家军事方面的事项，其重要性也不言而喻。

在西汉王朝前期，能做上三公的人一般是开国功臣及其后人，抑或是皇亲国戚。韩安国竟然能以平民百姓的出身当上了御史大夫，在那个时代是非常难得的。

他是怎么做到的呢？

在汉景帝的时候，国家发生了一场大的动乱，地方上的几个诸侯王联合起来反对中央，打起仗来了。历史上把这场内乱称为"吴楚七国之乱"。当时平定这场内乱的，有中央的军队，也有其他的诸侯王，梁孝王就是其中一支重要的平乱力量。

在这个时候，韩安国是梁孝王的手下，他在这场事件当中为国家立下了不少军功。所以韩安国的上位，首先靠的是能力，这一点是没有疑问的。

梁孝王的名字叫刘武，是汉景帝的亲弟弟，两人都为窦太后所生。窦太后特别喜爱刘武，把他封为梁王，但觉得还不够，希望他以后可以接汉景帝的班做皇帝。

我们知道，汉朝确立下来的皇位继承规则，是父亲传给儿子，这也是古代最主流的皇位传承法则，一直持续到清朝也是如此。窦太后的这个想法，自然遇到了很大的阻力，其中最大的反对者自然是汉景帝，因此事情最终也没有实现。

刘武仗着有太后的爱护，再加上自己平定内乱有功，人就

变得轻浮起来，于是在为人处世方面不知道收敛自己，比如把生活搞得非常奢华，各种生活用品、出行仪仗的配置级别跟皇帝一样高。

这种情况自然被汉景帝知道了，表现出非常不高兴的态度。太后也觉察出了景帝的态度，看到两个儿子的关系这么僵，自己也开始生闷气，拒绝接见刘武派来的使者。

这一下，轮到刘武感到惶恐不安了，但一时半会儿也不知道该怎么做好。

韩安国知道了这个情况，想方设法托人告诉太后："想当初，国家发生动乱的时候，梁王始终和中央一条心，倾尽全力帮朝廷化解了灾难。到了现在，为什么太后和皇帝不念一下梁王的这个功劳，而仅仅因为梁王在一些小节上做得不到位，就这样责备他呢？梁王做事情有些张扬，这确实是不对的，但他的本意，只是向外界炫耀太后以及皇上对他的爱而已啊，他是绝对不敢有其他想法的。现在他觉得很害怕，每天都流泪，希望太后和皇上怜悯一下他吧。"

太后听到了韩安国的话，心里非常高兴，就把这话转达给了景帝，最后中央也就不去计较梁王的这些小毛病了。

再后来，刘武又惹了一件事，他的几个手下，为了让刘武能够继承皇位，去刺杀了一些反对刘武接哥哥班的中央大臣，完事之后立即逃回了梁国。

发生了这种大事，朝廷自然会追查到底，派人到刘武的地盘上没日没夜地搜寻，奇怪的是，一个多月过去了仍然找不到凶手。

　　韩安国知道那几个犯法的人就躲在刘武的住处，因此大家都找不到。于是，他马上跑去见刘武，一见面就哭着说："大王您觉得，皇上和您的关系，比起太上皇和高皇帝的关系，哪一个更亲近呢？"

　　高皇帝是刘邦，太上皇即刘邦的父亲刘太公。一个是父子关系，一个是兄弟关系，所以刘武说："那当然是太上皇和高皇帝的关系更亲近啊。"

　　韩安国又说："那皇上和您的关系，比起皇上和临江王的关系，哪一个更亲近呢？"

　　临江王是汉景帝的嫡长子，本来是接班人，后来遭到了汉景帝的废黜。刘武回答说："那当然也是他们的关系更亲近啊。"

　　韩安国说："这就对了！您看，以太上皇这样的身份，高皇帝都不允许他来决定朝廷的大事。而临江王身为皇上的嫡长子，都可以被皇上废掉。您要知道，您只是皇上的弟弟啊，所以做事情千万不能过头了。现在朝廷还有太后帮您撑腰，万一哪天太后不在了，您可就危险了！所以您还是把那些犯了法的人交出去吧！"

　　梁王听了之后，顿时醒悟了过来，于是马上向朝廷交出那几个罪犯，并且亲自跑到京城向汉景帝谢罪，最终化解了一场严重的危机。

　　后来，刘武虽然一直被汉景帝猜忌，但还是得到了善终。他能够有这个结果，很大一部分功劳要记在韩安国头上。

　　在太后、汉景帝以及刘武这三个人的关系里面，可谓到处是雷区，而韩安国居然能够将三个人的关系调和过来，靠的不仅是高明的讲话技巧，还有他的厚道。

我们回头看，无论是韩安国向太后说的话，还是他跟刘武提的建议，所释放的信号都是善意，都在为他们三个人好，所以这些话最后都被听了进去，从而收取了最理想的预期效果。

考虑到"吴楚七国之乱"平定后，梁王刘武成为最有实力的地方诸侯，如果他和窦太后及汉景帝之间的关系处理不好，后果可能就不仅仅是失宠那么简单，而很可能又继续爆发军事动乱，从而导致生灵涂炭。所以韩安国的这些善举，最终受益的是社稷和百姓。

能够说明韩安国厚道的，还有另一件事。有一次，韩安国因为犯了法，不仅丢了官职，还被打进了监狱。当时主管这件事的狱吏叫田甲，看见韩安国落难，就趁机侮辱他。韩安国说："死灰也有重新燃烧起来的一天，你就不怕我以后又受到朝廷的重用吗？"

田甲满不在乎地说："死灰重新燃起来？那就再浇灭它呗！"然后继续虐待韩安国。

不久后，韩安国真的又受到了朝廷的重用。田甲看到这个情况，害怕韩安国报复自己，连夜丢掉官职逃跑了。

然而，韩安国非但没有报复他，反而放出风声说："田甲赶紧回来工作，不然我就灭了你的家族！"田甲听了之后，就乖乖地回来向韩安国谢罪，从始至终，韩安国都对他很好。"死灰复燃"这个成语就是从这个故事中来的。

再后来，韩安国被调到中央去，当上了御史大夫。从政以来，韩安国为国家推荐了很多重要的人才，体现出了一种长者之风。汉武帝认为，韩安国是"国器"，是一个可以治国的人才。这些待遇或者赞赏，是对一个厚道且为国家做出重要贡献之人的合理回馈。

知识积累

忠恕之道

韩安国的行事风格，可以说是对"忠恕"二字的上好诠释。

［明］郭诩 五老图（局部）

《论语·里仁》记载孔门弟子曾子的话："夫子之道，忠恕而已矣。"朱熹这样解释这句话："尽己之谓忠，推己之谓恕。"尽己之心为人着想、做事，就是"忠"；遇事能够推己及人，有宽和的气量，不苛责他人，就是"恕"。

忠恕是儒家一种很高的道德典范，我们所熟知的"己所不欲，勿施于人"，也是忠恕这一范畴的做法。

 ## 视野拓展

披着厚道外衣的乡愿

《论语·阳货》："子曰：'乡愿，德之贼也。'"孔子这句话的大意是："一乡之中全都不得罪的那种好人，是人类品德中的败类。"由此衍生出一个著名的说法：乡愿。所谓乡愿（又称"乡原"），跟今天所说的"老好人"差不多，是指乡中那些貌似谨厚、实际上与流俗同流合污的伪善者。在孔子眼中，乡愿披着谨厚的外衣，行事小心，谁都不得罪，人人谈起他都说好，这种人对于道德的树立不仅毫无功劳，反而会在实际上破坏良好的社会风气。

这是很深刻的见解。真正厚道的人，有着清晰的善恶标准，即使宽恕他人，也只是对于那些损害自己利益的人而言，这是基于自己可承受的基础上所作的决定，并不意味着认可那些伤害他人的行为。乡愿则不然，他们不轻易表现自己的爱憎，以此谋求

［元］佚名 竹阁延宾图

自身利益最大化，甚者还会劝人无原则地宽恕他人，从而在客观上助长恶的蔓延，这样的老好人跟那些作恶者一样，对社会有着相同的负面影响。

从孔子以及众多先贤的主张里，我们可以感受到中庸之道的力量：既要坚守清晰明确的价值观，同时又不走极端、不和稀泥，讲求平衡的艺术，通过立己而立人，最终导向的是对世道人心产生良好的影响。

智

篇

本文取材于《史记·淮阴侯列传》。

西汉建立后，汉高祖刘邦说："我之所以有今天，得力于萧何、张良和韩信这三个人。"

这三个人，就是著名的"汉初三杰"。在这三个人中，萧何与张良都是偏向于做幕后工作，而韩信则是在外面带兵冲锋陷阵。如果说起汉朝开国功臣的军功，毫无疑问要数韩信为第一。

韩信出身于一个很贫穷的家庭。《史记》的记载说，韩信年少的时候，整天背着一把剑，在乡里到处游荡。要知道，在生产水平低下的秦朝，可不是每户人家都有剑的。所以韩信的家庭应该是富裕过，但到了他这一代的时候，已经是完全破落了。

当时一个市井无赖看到韩信，就去羞辱他。这个无赖叫上了一群人，在路上把韩信拦住，跟韩信说："嘿，你虽然长得这么高大，还整天拿着剑，但你的内心肯定是很怯懦的。如果你够胆量的话，就拔剑来刺我；如果不敢，那你就要从我的裤裆下钻过去。"

韩信看了这个无赖几秒，默默地从他的裤裆下钻过去了。于是，整个家乡的人都说韩信很懦弱。

后来，由于秦朝的残暴统治，天下大乱了起来，各地豪杰纷纷起兵，项羽和他的叔叔项梁，就是当时著名的一股反秦势力。韩信看到机会来了，就提着剑投奔项羽去了。

在项羽那里，韩信得不到重用，多次献计，项羽都不理他。韩信非常郁闷，于是找了一个机会，改投刘邦去了。

但刘邦刚开始的时候也认识不到韩信的价值，在很长一段时间里，也对韩信不理不睬的。韩信很失望，就离开了刘邦。还是刘邦的大管家萧何有眼光，知道韩信是个大才，急忙把韩信追了回来，并且向刘邦极力推荐，说他是国士无双的人才。现在常用"国士无双"指一国中独一无二的杰出人物。这个词就出自这一个故事里。

刘邦跟韩信一聊，发现这个人的才华了不得，于是赶紧任命他为大将军。要知道，当时的韩信并没有建立什么大的功劳。对于刘邦来说，做出这个决定也是非常不容易的。

韩信上任不久，就开始带兵夺取北方那块重要的区域，其中一个重要目标，就是拿下原来属于赵国的一片地区。

当时率领军队盘踞着赵国的，是一个叫陈余的人。陈余的兵

力相当雄厚，而且不服刘邦，知道韩信要来打自己，也聚集了兵马，号称二十万人，扎下营寨，跟韩信的军队对峙了起来。

这时候，陈余的手下李左车来献计说："韩信远道而来，我们兵粮充足，不如派出一支奇兵，绕道抄到韩信军队的后面，截断他的粮草供给线，同时我们在前方坚守城池，不要应战。韩信军队在前方打不成仗，后方又没有了粮草，军心必然慌乱。等我们把他们的锐气消耗得差不多了，再一举出兵消灭他们。"

陈余没有接受这个建议。他说："我听兵法上面讲，如果我方的兵力是敌人的十倍，就可以把敌人围起来；如果是敌人的两倍，就可以跟对方决战。韩信的军队虽然号称有几万人，依我看也不过是几千人。如果我们拒绝应战，那么天下的豪杰都会耻笑我们胆怯，以后我们还怎么立足于天下呢？"

韩信听说陈余没有采纳李左车的计谋，十分高兴，就跟手下说："今天击败陈余的军队，回来一起吃顿大餐。"

由于韩信的兵马实在比陈余少很多，所以就连他的手下都不相信这句话，但大家也只能点头称是。

韩信开始制定战术。他把军队的主力，背靠着河水摆开了阵势，然后带一部分兵马前去挑衅陈余。

陈余从远方的高处看见韩信这样排兵布阵，就大笑了起来，认为韩信是在自取灭亡，他率领兵马走出阵营，与韩信的先锋部队打了起来。

交锋一段时间后，韩信开始假装打不过陈余，带着兵马往后撤。陈余当然不会轻易放过，就带兵追了上去。

　　这时候，陈余后方的阵营空虚了。在这个节骨眼上，韩信早已安排好的另一支奇兵，从旁边杀了出来，冲进陈余的大本营里，把他们的旗帜拔掉，插上了两千面韩信军队的旗帜。

　　在前方，韩信的军队退到了水边，大家都没有了退路，只能背水一战，和敌人进行殊死的搏斗。

　　陈余看到不能一下子把韩信击败，决定先收兵。没想到回去之后，发现阵营里插满了韩信军队的旗帜，以为已经被韩信拿下，大家一时乱成了一团。

　　韩信看到这个情景，发起了前后夹击的总攻号令，彻底打垮了赵军，并且斩杀了陈余。

　　在取得大胜的同时，韩信立即传令全军：不能杀害李左车，谁活捉到他，将会获得千金的奖赏。

　　很快，部下就抓到了李左车。面对这个败军之将，韩信非但没有羞辱他，反而是恭恭敬敬地拜他为师，礼数非常周到。

　　完成了拜师礼之后，韩信虚心地向李左车请教接下来应该怎样打下燕国和齐国。

　　李左车告诉韩信："现在您打败了陈余，士气好像很高，但这也是您的危险时刻，因为将士其实已经很疲惫了，而且也引起了燕国和齐国足够的警觉，如果您出兵去打他们，多半会失败。不如先安抚好赵国这个地方的百姓，然后派一两个能说会道的人去吓唬燕国，尝试着让他们投降。齐国看到燕国投降，军心会动摇，可能就跟着投降您了。"

　　韩信听从了李左车的计谋，果然很快就让燕国投降了，接下

来也很顺利地拿下了齐国，为刘邦夺取最后的胜利奠定了坚实的基础。

天下一统之后，功成名就的韩信回到了家乡，非但没有报复当年那个羞辱他的无赖，反而让他出任官职，负责当地的治安。

宋代大诗人王安石曾经写过一首题为《韩信》的诗：

贫贱侵凌富贵骄，功名无复在刍（chú）荛（ráo）。
将军北面师降虏，此事人间久寂寥。

"刍荛"的字面意思是割草、砍柴，这里指的是那些家境贫寒的人。王安石是说，一个人如果出身贫穷，就会受到别人的欺负，而富贵了之后，又容易产生骄傲的姿态，所以从贫寒家庭出来的人，很难建立大的功业，但是韩信却做到了，他凭的是什么呢？凭的就是他的好学品质，像他拜手下败将做老师这种事，现在已经很难听到了。

知识积累

张陈之交

被韩信打败的陈余，并非庸碌之辈，而是当时的一员名将。秦朝末年，张耳和陈余相互欣赏，结成刎颈之交（即生死之交），两人共同经历患难，一起举兵推翻秦朝的统治。当他们闻

出一些名堂、形势逐渐向好的时候，却因一些事生了嫌隙，继而演变成争夺权力、引兵相攻，被天下人耻笑。后人就以"张陈之交"或"耳余之交"来形容那些以势利相交、最终关系破裂的友情。

视野拓展

"终日而思，不如须臾之所学"

《论语》开篇是："子曰：'学而时习之，不亦说（yuè）乎。有朋自远方来，不亦乐乎……'"《荀子》第一篇是《劝学》，提出"吾尝终日而思矣，不如须臾之所学也"。在这两本极其重要的典籍里，开篇内容都是劝导人们要好学。这不是巧合，而是有意的安排，是中国古代先贤高度重视学习的一个表现。

重视学习，是因为古人设定自身有很多不足，需要通过不断的学习才能变得更加完善；同时，古人深刻了解到，学问是随得随失的，即使今日掌握了一门学问，也会很容易失去，所以要"学而时习之"。

不仅在中国，国外的杰出人物，也同样高度主张好学。苹果公司创始人乔布斯的名言"Stay hungry, stay foolish"（保持饥饿，保持愚蠢），即是在推崇好学精神。

古今中外的优秀文明成果，是由一个个求知若渴的人创造出来的。

并非身居要职的信陵君
为何能够安定魏国

本文取材于《史记·魏公子列传》，故事的主人公是战国时期魏国的公子信陵君。

信陵君的名字叫无忌，他是魏国安釐（xī）王同父异母的弟弟，安釐王把无忌封为信陵君，所以我们习惯用这个封号来称呼无忌。

在战国时期，出现了四个非常有影响力的公子，他们分别是：齐国的孟尝君、赵国的平原君、楚国的春申君和魏国的信陵君。

在这四个人里面，除了春申君是楚国的大臣，其他三个人都是各自国家君主的同族。战国四公子有一个共同点，那就是都非常喜欢结交朋友，收罗了一大批能力很强的人到自己门下

做食客。

信陵君仁而下士、谦而有礼，从不因为自己出身富贵就傲视他人。在他的门下，就有三千名食客——这可不是一个小数目，即使在今天，如果我们开一家公司，里面有三千名员工，那么这家公司的规模可以说是相当大的了。

试想想，每天都有三千人指着你养家糊口，这可是一个巨大的责任。能够承担得起这种责任的人都不简单，因为哪怕这个人是贵族，也不容易做到这一点——我们看到，在战国时期，各个国家有那么多的公子，然而也只有这四个人有这种影响力。

有一次，信陵君和魏王相聚的时候，魏国情报部门的人急冲冲地走了进来，传回了一份紧急的情报，这份情报显示：在魏国的北边，突然间烽火大起，恐怕是赵国的军队要攻打过来了！

战争可不是小事。魏王坐不住了，马上要召集大臣过来商量对策。

然而，在一旁的信陵君，却气定神闲，不慌不忙地跟魏王说："大王不用着急，这次只是赵王出来打猎而已，不是打仗。"

对于信陵君的话，魏王不知道该不该相信。没过一会儿，前线再次传来情报：赵王果然是在打猎。

魏国的人一听，都长吁了一口气。平静下来之后，魏王就问信陵君："你怎么知道赵王具体在做些什么？"

信陵君哈哈一笑，说："我有一个手下，就潜伏在赵王的身边，赵王干了什么见不得人的事，他都知道。"

魏王一听，既对这个弟弟感到佩服，同时又觉得害怕，从此

以后就提防着信陵君，不让他出任重要的职位。

魏王为什么要这么做呢？原因很简单：信陵君只是一个公子，就已经那么厉害了，这让做国君的哥哥，怎么能不担心他把自己给取代了呢？

不过，尽管信陵君不被魏王重用，但仅仅是因为有了他的存在，在长达十几年的时间里，其他国家都不敢出兵攻打魏国。

在这里，我们不禁感慨：信陵君之所以厉害，是因为有很多能力很强的人帮他。那么，他是怎么做到这一点的呢？

这个问题的答案，就在下面这个故事里。

大梁是魏国的首都，在大梁夷门这个地方（即大梁东门），有一个看守城门的老人，名叫侯嬴（yíng）。侯嬴已经七十岁了，长期做着这份极其普通的工作，默默无闻。我们知道，即使是在今天，这种普通保安的工作，不仅待遇不高，而且还很辛苦。

不过，对于这样一个寂寂无闻的人，信陵君不但亲自拜访，并且给他送上了一笔丰厚的钱财。原来，他听说侯嬴是一个隐士，很有才能，只是因为没有得到施展拳脚的机会，所以才去看守城门。

信陵君对待侯嬴，可以说是很有礼数了，没想到侯嬴却表现出了不太领情的样子。他首先是拒绝了信陵君的钱，跟信陵君说：“我侯嬴这个人，一辈子都注意自己的行为，告诫自己不能贪财，所以我是绝对不能因为自己贫困就收下你的钱的。”

面对这样一个侯嬴，信陵君没有生气，说：“没关系。现在我想请您到我家做客，不知道您是否愿意赏光呢？”

　　侯嬴没有拒绝这个邀请，不过，他让信陵君亲自驾驶马车，而他自己则大摇大摆地坐在最尊贵的那个位子上，一点也不客气。

　　在路上，侯嬴跟信陵君说："我有一个朋友，名字叫朱亥，是一个屠夫，现在把他介绍给你，希望你能驾车载我过去看他。"

　　信陵君爽快地答应了，他们驾着马车来到了闹市区里面，找到了正在卖肉的朱亥。

　　侯嬴见到朱亥，表现得非常开心，马上把信陵君晾在一边，和朱亥畅快地聊起天来。

　　在这个过程里面，侯嬴偷偷瞄了信陵君几眼，发现他拿着驾驶马车的绳子，安静地站在旁边，脸上非但没有一点不耐烦的神态，反而是气色越来越平和了。

　　这个时候，信陵君的家里早已经挤满了客人。魏国的许多高官显贵都到了，大家正等着信陵君回来喝酒吃饭。

　　信陵君的一些贴身随从也跟着来到了闹市区，他们看着侯嬴的表现，都很愤怒，暗暗痛骂这个无礼的老人。

　　侯嬴和朱亥这一聊就是大半天。侯嬴发现，信陵君始终都不生气，于是就和朱亥道别，乘坐信陵君的车来到信陵君的府第。

　　到了之后，信陵君马上和客人们开始吃饭。在那个盛大的场合里，他当着众人的面，把侯嬴隆重介绍了一番，引起了客人们一片惊叹的声音。

　　紧接着，侯嬴跟信陵君说："我今天对您做的这些事，其实是故意的，目的是想成就您的名声。现在大家都认为我是一个没有礼貌的小人，不过这不要紧，要紧的是，大家都认为您是一位礼贤下士的君子，这正是我想要的效果。"

过了一段时间之后，秦国派出军队，包围了赵国的首都邯郸。赵国方面感觉守不住了，就派人来到魏国向信陵君求助。

但是信陵君并没有掌握魏国的兵权，想帮赵国也没办法。在这个关键的时候，侯嬴以及那个名叫朱亥的屠夫站了出来。

侯嬴向信陵君献出计谋，指点他偷到了魏王的兵符，接下来，朱亥帮信陵君杀死了不听号令的魏国将军。扫清了这些障碍之后，信陵君带上军队，开往邯郸，最终成功地逼退了秦国的军队。

这就是信陵君"窃符救赵"的故事，也是信陵君一辈子干过的最辉煌的事。在帮助信陵君救了赵国后，侯嬴自杀了，通过这种方式为信陵君送行，其实就是为了报答信陵君。可以这么说，侯嬴和朱亥，成就了信陵君的一世英名。

现在我们回过头来看，魏王不重用信陵君，这事说到底并不是信陵君的问题。因为从历史上看，那些有才华的人经常会受人妒忌或者猜疑。所以有一句俗话说："不招人妒是庸才。"这句话的另一层含义是：一个真正有才华的人，想要完全不被人妒忌是不可能的。妒忌是人性中的一部分，跟有才的人是否张扬自己，关系并不是很大。

事实上，越是有才能的人，往往越谦卑，并不会自大，信陵君就是这样的人，他能够发自内心地尊重人，不把自己太当一回事，即使受到了别人的"轻慢"，也不以为意。正是因为他的这种谦卑品质，使得很多人真心地佩服他并且愿意和他一起做事，从而成就了他的一番大事业。

信陵君救赵有功，赵王为了表达谢意，计划将五座城赏赐给他。信陵君得知消息，感到很高兴，内心也认为自己确实对赵国做出了很大贡献。门客看见信陵君面有得意之色，对他说："物有不可忘，或有不可不忘。夫（fú）人有德于公子，公子不可忘也；公子有德于人，愿公子忘之也。"

信陵君闻言悚然，马上改正，在和赵王相聚的时候，一再强调自己对赵国没有什么功劳。赵王见他这样逊让，就不再提五座城的事情了。

 **知识积累**

抱关击柝（tuò）

抱关，看守关口。击柝，敲击巡夜打更用的梆子。抱关击柝指的是守门打更的小吏。在古人的语境中，"抱关击柝"一般指人有才华然而职位卑微的情况，例如陶渊明诗说："君子失时，白首抱关。"

 **视野拓展**

虚左以待

在《史记》的记载中，信陵君迎接侯嬴的时候，把马车的左

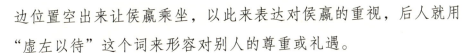

边位置空出来让侯嬴乘坐，以此来表达对侯嬴的重视，后人就用"虚左以待"这个词来形容对别人的尊重或礼遇。

在古代中国，左和右两个方位有着不一样的分量，两者孰高孰低，在历史上存在着一个动态发展过程。

清代学者赵翼认为，战国至汉代基本是以右为尊，在唐朝和宋朝则是以左为尊（见《陔余丛考》卷二十一）。例如，西汉初期有"左丞相"和"右丞相"，"右丞相"地位要高于"左丞相"；又比如官员被贬的时候，秦汉时期的人就叫"左迁"。

不过，在乘坐马车这件事上，战国时期的人以左为尊。学者猜测，这是因为驾驶马车的人一般在右边，这样比较方便行驶，左边位置自然是给尊者坐。

［战国秦］杜虎符

本文取材于《史记·管晏列传》。

这是一个跟服善有关的故事。所谓服善，是懂得佩服别人的意思。

古往今来，最有名的能够佩服别人的例子之一，恐怕要数鲍叔牙了。

鲍叔牙也叫鲍叔，是春秋时期的齐国人。鲍叔有一个好朋友，名叫管仲。管仲的家里比较贫穷，经常跟着鲍叔一起做事情谋生。可以这样说，在这段朋友关系里，基本上是鲍叔在帮着管仲的。

但尽管这样，管仲在做事情的时候，还是经常会表现出许多不老实的地方来，最明显的一点就是，他经常欺骗鲍叔，让鲍叔吃很多哑巴亏。管仲做的这些不光彩的事，鲍叔都知道。奇怪的是，鲍叔居然一点都不介意，更不明言，两个人的交情还是像原来那样好。

在当时，齐国的君主是齐襄公，国内的政治局势很混乱，贵族子弟可以说是到了人人自危的地步。齐襄公有两个弟弟，一个是公子小白，一个是公子纠，两个人看到齐国这个样子，害怕有灾难降临到自己头上，于是就带着一批得力干将逃到了国外，计划待一段时间，等齐国的局势安稳了再回来。这种做法对于当时的贵族子弟来说，可以说是基本操作。

在这个时候，鲍叔和管仲，正好处在了两个不同的阵营里面：鲍叔跟随的是公子小白，他们去了齐国旁边的一个小国家——莒（jǔ）国。

而管仲则是跟随了公子纠，他们一起去了齐国的另一个邻居——鲁国。

果然，齐国很快就发生了动乱，治国无道的齐襄公死在了这场内乱之中。齐国君主的位子一下子出现了空缺。

公子小白听到风声，知道最佳的上位时机来临了，于是马上动身回国。

与此同时，鲁国那边也知道了齐国发生内乱的消息，就赶紧派出了一支军队，护送公子纠回齐国。

在这种形势之下，这两个人谁最快回到齐国，谁就是齐国的君主。

古今中外，抢夺国君宝座这种事情，往往是非常惨烈的。

公子纠团队在启程回国的同时，派管仲带上了一批人，埋伏在公子小白回国的路上。他们给管仲下的命令是：一见小白，格杀勿论。

管仲接到命令，就带着人马出发了。小白果然中了管仲的埋伏，大家打了起来，在一片混乱之中，管仲弯弓搭箭，向小白射去。小白应声倒地，抽搐了几下之后，身体就没有了反应。

其实，这一箭只是射中了小白衣服上的带钩，他并没有受伤。在中箭的一瞬间，小白决定装死来蒙骗管仲。

管仲也比较大意，看见小白倒地，没有去检查小白是真死还是假死，以为自己完成了任务，就带着手下回去复命了。

公子纠听说小白死了，就松了一口气，整支队伍的前进速度一下子就变慢了很多。

而在这个时候，小白和他的手下连夜赶路，抢在了公子纠的前面回到齐国都城，当上了齐国的君主。

小白上位之后，马上调遣齐国的军队，将护送公子纠的鲁国军队打得落花流水，并且截断了他们回鲁国的道路。

其后，小白写信跟鲁国军队说："公子纠是我的兄弟，我不忍心杀他，所以请你们把他杀了。管仲跟我有深仇大恨，你们把他绑起来送到我这里，我要把他剁成肉酱才解恨。你们只有这样做，我才会放过你们，否则我就出兵攻打鲁国。"

鲁国的国力跟齐国相比实在是差了很远，鲁国军队最终无奈地同意了小白的要求，杀了公子纠，把管仲押送给小白。

事后，一件让齐国人和鲁国人都感到意外的事发生了：管仲

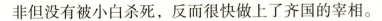

非但没有被小白杀死，反而很快做上了齐国的宰相。

原来，这一切都是鲍叔策划的结果。

在公子纠死了之后，小白其实也想把管仲杀了，这时候，鲍叔前来力劝小白："管仲的才能是在我之上的。您如果只是想把齐国治理好，那么用我们这几个人就可以了。但是，如果您想要称霸天下，那么非得要重用管仲不可。还请您宽恕管仲的罪行，并且重用他！"

小白听从了鲍叔的建议，大家随后就设计了一个借口，让鲁国军队把管仲送了过来。

管仲当上齐国宰相之后，鲍叔放低身段，在管仲的手下做事。管仲没有辜负小白和鲍叔的信任，在他的操持下，齐国的实力又上了一个台阶，小白成为春秋时期的第一个霸主，威震天下，成为历史上鼎鼎有名的齐桓公。

在管仲取得辉煌成就的时候，人们对鲍叔的称赞，要远远多过对管仲的称赞。管仲本人也曾经非常动情地说了这样一番话：

　　早年的时候，我的生活很穷困，就和鲍叔一起做生意，事后大家分享利润，我偷偷地给自己多分了一些，鲍叔知道了，没有认为我很贪心，因为他知道我家里穷，缺钱用。

　　我曾经为鲍叔做过事，结果把事情做砸了，弄得生活更加困难。另外，我更是曾经三次被齐国的君主驱逐。鲍叔

知道了这些事情之后，并没有觉得我愚蠢，更没有认为我这个人不行，而是知道我只是没有碰到好的时机。

我去打仗，曾经三次失败，灰溜溜地回来，鲍叔不觉得是我怯懦，因为他知道我母亲年纪大了，需要我照顾，我不能轻易死在战场上。

我是公子纠的手下，受了人家的恩情，公子纠死了，我却活了下来，鲍叔不认为我无耻，是因为他知道，我的志向是做出一番扬名天下的事业，不希望自己被这些小节所限制。

管仲最后感慨万分地说："生我者父母，知我者鲍子也！"意思是：把我生下来的人是父母，但是最懂我的心思以及最能够欣赏我的人是鲍叔。

可以说，如果没有鲍叔，就没有今天的管仲。天下人赞扬鲍叔多过赞扬管仲，是非常在理的。

在后世，人们把那些相知非常深的朋友，称为"管鲍之交"。回看鲍叔的生平，我们就很容易发现，鲍叔身上有一种叫作服善的品质，他懂得佩服和珍惜身边人的才华，并且尽力为这些有才的人提供机会。

毫无疑问，如果我们在人生路上遇到像鲍叔这样的朋友，是一种莫大的福气。当然，能交上这种朋友的前提，是我们自己也要跟鲍叔一样，做个懂得佩服别人的人。

 **知识积累**

博学知服

"博学知服"一词出自儒家经典著作《礼记·儒行》："儒有上不臣天子，下不事诸侯，慎静而尚宽，强毅以与人，博学以知服。"大意是："儒者能够不做天子之臣，不为诸侯做事，谨慎沉静而以宽和为贵，为人刚强坚定而不会违背原则与人苟同，博学多识而能够懂得服膺他人。"

从这里可以看出，"博学知服"是一种美德，鲍叔对待管仲的方式就完美地体现了这四个字。从这些古代的经典以及故事可以看出，所谓"文人相轻"（文人互相轻视），只不过是存在于一些不入流人物之间的现象，真正的杰出人物，必然是懂得服善的人，同时会切实向优秀者学习、为对方提供上升机会。

视野拓展

伯尊攘善

在"服善"的另一面，就是"攘善"。

据《春秋穀梁传》记载，在鲁成公五年的时候，晋国发生了一件大事：梁山（晋国的一座高山）崩塌，倒下来的山石导致黄

河不流通。晋国君主因此召见大臣伯尊询问对策。

　　伯尊在赶去见君主的路上，遇见了一个拉车的人，发现这个人谈吐不凡，就向对方询问解决这一难题的方案。

　　拉车的人告诉伯尊："国君可以亲自穿上凶服，带领群臣向着梁山痛哭一番，然后做一场祭祀活动，这样黄河就会畅通了。"

　　其后，伯尊将听来的对策告诉了国君，但是没有说明这个主意是谁出的。

　　孔子听说了这件事，评价说："伯尊其无绩乎！攘善也。"意思是："伯尊这个人是没有功劳的，因为他掠人之美啊！"

　　后来人们把那些抄袭、引用他人意见而隐瞒出处的做法，视为"攘善"，即等同于盗窃他人的好东西。

[元] 王振朋 伯牙鼓琴图卷

忍辱　季布告诉人们什么是真正的自信

本文取材于《史记·季布栾布列传》。

这是一个关于忍辱的故事，故事的主人公名叫季布，是秦末汉初的人物。

什么叫忍辱？顾名思义，就是指能够忍受人们认为的耻辱之事。忍辱可不是一件容易做到的事情。

苏轼有一篇非常有名的文章叫《留侯论》，文章开头说，那些真正的豪杰，都有远大的志向，他们往往具备非常强大的忍受耻辱的能力，而反过来看，有些人在遭受羞辱的时候，就拔剑而起，做出一副要打要杀的样子，这种人反而成不了什么事。

《留侯论》谈的是张良这个人，然而在文章的开头却举了本书"好学"篇提到的韩信忍受胯下之辱的例子：韩信在未成名的

时候，曾经被一个市井无赖侮辱，但他并没有拔剑而起，而是从无赖的裤裆下钻了过去。后来的事情大家都知道了，韩信取得显赫的功名，而没有人知道那个市井无赖叫什么名字。

《留侯论》这篇文章妙就妙在写得更加深入了一层。在文章的后面，苏轼说，刘邦已经是一个很能忍的人了，可是当韩信带领兵马打下齐国、要求刘邦封自己为齐王的时候，刘邦的第一反应是很愤怒的，当着韩信手下的面破口大骂韩信。这是因为，那时候刘邦正跟项羽打得你死我活，战局胶着，身为刘邦的下属，韩信不但不来帮忙，还来趁火打劫索求更高职位。

就在这个时候，旁边的张良用脚踢了一下刘邦，让他马上冷静下来。在当时的形势下，刘邦只有满足了韩信的要求，韩信才愿意出兵帮忙打项羽。最后刘邦同意了韩信的请求，封他为齐王，然后韩信马上派兵，大家合力打败了项羽。

由此事可见，没有张良暗示刘邦忍一时之气，那楚汉战争的结局可能就不一样了。关于张良忍辱的故事，我们在后文"胆略"篇再细讲，现在先回到本篇的主人公身上。

《留侯论》写得非常精彩，不过里面的论述并不新鲜，因为在《史记·季布栾布列传》这篇文章里面，司马迁就谈到忍辱的重要性。

说起季布这个人物，他的忍辱能力可以说是一点都不逊色于韩信、张良等人。

季布是一个非常信守诺言的人，只要是自己承诺过的事，就一定会去做到。成语"一诺千金"，意思是说一个诺言就像千金

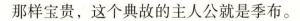

那样宝贵，这个典故的主人公就是季布。

季布是一个武将，打仗很厉害，曾经在项羽的手下做事，带兵和刘邦交手过几次，多次让刘邦难堪，甚至差点要了刘邦的命。

对于这样一个人，刘邦当然是怀恨在心的，所以在打败了项羽之后，就通告天下的人说："凡是帮忙把季布抓到的人，奖赏千金！如果有人敢收留他，一旦发现，马上灭族！"

可以说，刘邦对季布下了最严的通缉令。最开始的时候，季布藏在一个姓周的朋友家里。后来，这位朋友跟季布说："现在外面的风声非常紧，汉廷的人估计很快就找到这里来了，我希望您能听从我的安排，做出一些改变。如果您不接受我的计划，那我只好自杀了。"

季布看到朋友都已经把话说到这个份儿上，就答应了接下来的安排。于是这位朋友把季布的头发剃光，在他的脖子上挂了一个铁圈，接着穿上最破烂的衣服，然后把他放在运送棺材的车上，一路颠簸，来到了今天山东一带，把季布当作奴隶卖给了当地一个名叫朱家的大侠。

朱家是何等聪明的人，一看到眼前这个奴隶，就知道他是季布。他不动声色地把季布买了下来，给了季布一些田地，并且叮嘱家人要对这个奴隶有礼貌一些。

在这时候，朝廷的人仍然不停地在追捕季布。季布长时间躲藏着也不是办法。朱家把这边的事情安排妥当之后，就乘坐当时最轻快的车，飞速赶去了洛阳，与夏侯婴见面。

夏侯婴是和刘邦一起长大的好朋友，跟随刘邦打天下，经历了很多劫难。朱家在夏侯婴家待了几天，每天都和夏侯婴喝酒吃饭，大家聊得很开心。其间，朱家逮住了一个空隙，用试探的语气问夏侯婴："您说季布这个人，究竟是犯了什么罪呢，以至于皇上花这么大的力气去抓他？"

夏侯婴说："嗨，就是以前皇上和项羽争夺天下的时候，季布曾经多次让皇上难堪，皇上心里怨恨他，所以才会这样。"

朱家说："那您觉得季布这个人怎么样呢？"

夏侯婴想都不想，说："那当然是一个贤者。"

朱家一看机会来了，赶紧趁热打铁说："哎呀，人都是各自为自己的主人做事情的。在天下还没有大定的时候，季布是项羽的手下，他要忠于项羽，所以给了皇上难堪，也是一件很正常的事情。现在皇上夺取了天下，把一个有才能的人逼得走投无路，这不是一种宽大的做法啊。您想想，以季布的能力，把他逼急了，难保他不会投奔到国外去，然后再反过来为难咱们朝廷。您看，楚平王把伍子胥逼得无路可走，最后的情况你也看到了，伍子胥逃到了吴国，带兵打了回来！"

夏侯婴听到这里，总算是知道了朱家来找他的原因，也明白了季布此时此刻就藏在朱家的家里。奇妙的是，就像朱家不戳穿季布一样，夏侯婴也不戳穿朱家，他说："好，我知道怎么做了。"

在送走了朱家之后，夏侯婴就去找刘邦，把朱家说的那番话，一五一十地跟刘邦说了。

刘邦听了之后，觉得非常有道理，就下令通告天下，不再追究季布的罪责。不仅这样，刘邦后来还召见了季布，让他做自己的贴身官员，可以说是非常优待季布了。最终，季布成为汉朝的一代名将。

当时天下的人知道了这件事情，纷纷称赞季布能屈能伸。而通过这件事，当时更多人都知道了有一个大侠叫朱家。

在《史记·季布栾布列传》这篇文章的后面，司马迁感慨说："项羽的阵营可以说是猛将如云，而季布竟然能在这样的环境当中，靠着勇猛作战杀出名堂来，这当然是一个真正的壮士。这样一个人，在极端困难的时候，即使是从声名远扬的猛将沦落为一个社会身份最低下的奴隶，也面不改色，这就更了不起了。只有真正自信的人才能做到这一点，因为这些人知道自己的才华将来会发挥更大的作用，所以能够忍受眼前的莫大耻辱。那些因为受到一些折辱刺激就自杀的人，其实并不是真正的勇者。"

这番感言说的是季布，也是在说司马迁自己。在忍辱负重、保全自己，最终取得更大人生成就这一方面，司马迁和季布是一样的。

知识积累

季布折公卿

刘邦死后，吕太后当政。有一次，匈奴写信给汉廷，言辞对吕后极其无礼。

吕后愤怒，与群臣商议如何应对。开国功臣、吕后的妹夫樊哙说："愿朝廷给我十万大军，我会带兵横行匈奴境内。"

群臣都知道吕后的意见是欲除匈奴而后快，纷纷表态附和樊哙的意见。

这时候，季布站了出来，怒斥樊哙说："我看樊哙是可以拖出去斩了！当年高皇帝率领四十万士兵出征匈奴，犹且被匈奴围困在平城这个地方，差点不能脱身。现在樊哙竟然说带领十万士兵就可以征服匈奴，很显然是当面欺骗以及阿谀奉承君主。况且，当年秦朝正是因为对胡人开展军事行动，导致人民困苦，激发了陈胜等人的起义。现在天下刚刚太平不久，民生还需要恢复，樊哙就想大举出兵，很显然会摇动国本，令天下不安，所以樊哙罪应斩首！"

一时间，群臣震恐，噤若寒蝉，而吕后也从盛怒中清醒了过来，从此不再提征伐匈奴这件事。这是著名的"季布折公卿"故事，后人常用这个说法来赞美那些刚直不阿的人。

 **视野拓展**

丁公遽戮，雍齿先侯

季布的舅舅（一说为同母异父的弟弟）丁固，人称丁公，曾是项羽的部将。在刘、项的一次交战中，刘邦落败逃跑，丁公带兵追了上去，眼看就要把刘邦杀死，刘邦高声叫道："岂有两位好汉互相残杀的道理啊！"丁公听了这话，放了刘邦归去。

后来刘邦定鼎天下，丁公找上门来寻求赏赐。刘邦非但没有给他，反而将他绑了起来，当着众多士兵的面处死了他。

刘邦说："丁公身为项羽的下属，却不忠于项羽，导致项羽失掉天下的人就是他。现在把他处死，就是告诫天下人不要效仿丁公的不忠行为。"

相比丁公，雍齿收获的是另一种命运。

雍齿是刘邦的沛县老乡，出身豪强大族，跟随刘邦起兵反秦，立下了不少战功。不过，雍齿素来看不起刘邦，曾多次对刘邦进行折辱，刘邦心里对他极其痛恨，想报复，奈何未能找到很好的理由。

当汉家天下初定的时候，诸将惴惴不安，担忧刘邦赏赐不公或是找借口杀害自己。为了安定将士，刘邦听取了张良的计策，先将雍齿封侯。众将士看见刘邦不喜欢的人竟然最先得到封赏，心里的石头顿时放了下来。后人遂以"雍齿先侯"或"雍齿先封"来说明一个人不计宿怨。

从刘邦对上述事项的处理中可以看出，在一个政治环境中，决策者往往以人心导向为一个重要准则，即要预判该事项将会对人心产生什么样的作用，如果事项能符合大部分人的利益，就是好的决策。

刘邦处死丁公、奖励雍齿，这些决定不能说明他有道义，只能证明刘邦确实是一位优秀的政治家，因为他能够超越私人的利益，鼓励人们鄙视背叛行径，这将有助于树立好的风气。

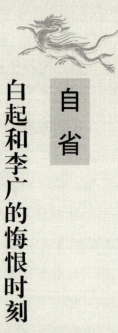

本文取材于《史记·白起王翦列传》和《史记·李将军列传》。

这是一个关于自省的故事，主人公有两个，一个叫白起，一个叫李广。

所谓自省，是指人懂得反思自己说过的话以及做过的事，并且有承认自己过错的勇气。

自省这个品质，说来简单，做起来却非常难。这是因为，我们每个人在潜意识中都是第一时间维护自己的，即使发现了自己是错的，也会想尽办法粉饰自己，尽可能保护自己的利益。尤其是对于那些成就很高的人来说，要他们随时能反省自己，就更加困难了。

白起是战国时期的秦国将军，打仗非常厉害，他一生中最著名的杰作，是赢下了长平之战。

长平之战是春秋战国时期规模最大的一场战争，作战双方为秦国和赵国，两国都投入了几乎全部力量打这场战争。对于他们来说，谁输了这一场战争，谁就可能亡国。

不过，长平之战在最开始的时候并不激烈。

战争的起因是这样的：秦国先是攻打韩国，有一个名叫上党的地方，本是属于韩国的领土，被秦国一打，就和韩国首都切断了联系。

在这个时候，守卫着上党的人面临着两个选择：要么直接投降秦国，要么投靠隔壁的赵国后和赵国合伙对抗秦国。最终，韩国将士选择了第二个方案。

赵国的人接到这个请求的时候，显得很是犹豫：如果接收上党，很显然就会得罪秦国；如果不接收，这又是一块非常肥沃的土地，能够大大增强赵国的势力，在秦国对东方六国步步进逼的形势下，要得到这么大的一块地盘是非常艰难的。

论当时的国力，赵国比韩国强，起码在军事上能够跟秦国抗衡。所以，赵国方面几经斟酌，决定接收上党。

秦国看到赵国居然敢这样干，非常不满，就派了大量的兵马打了过来。赵国不敢懈怠，也派出大军驻扎在长平，一边把上党的百姓接到赵国，一边抵抗秦国军队的冲击。

直到这个时候，秦国和赵国都不像是在进行一场生死决战。为什么这么说呢？我们来看看双方的安排。

作为进攻一方的秦国军队，他们的主帅是王龁（hé）。众所周知，在当时，秦国最能打仗的将军是白起，不是王龁。从这个安排可以看出，秦国起初并非精锐全出。

反观作为防守一方的赵国，他们的主帅是廉颇。这是一名经验丰富的老将，面对秦国，廉颇的战术是坚守阵地，不轻易出兵跟秦国人进行决战。

后来的情况为什么会发生那么大的变化？这是因为，战争不仅仅是前线的拼杀，还有后方那些没有硝烟的较量。

当时秦国的宰相是范雎，他看到秦赵两国军队僵持在长平，觉得这样下去不是办法，就想出了一个计谋，派人到赵国的首都邯郸散布谣言："秦国害怕的，只是赵括将军而已！廉颇这个人没什么能力，秦国根本不把他放在眼里，而且现在他看起来也快要投降了！"

刚好在这个阶段，赵王也对廉颇挺恼火的。因为廉颇被迫应战的时候，死了不少人，军中士气低落，然而他还是坚持不主动出击，导致赵国整个后方非常烦躁与压抑。

秦国持续不懈开展的谣言攻势终于在赵国起了作用。赵王决定更换军队主帅，派赵括去前线顶替廉颇之位，主打这一场战争。

在这个时候，秦国也做出了一个重大的部署调整。他们也换了主帅，悄悄把白起调到了前线，代替了王龁的位置，并且严令全军一定要保守这个秘密，对泄漏消息者马上处死。与此同时，秦国后方紧急调动全国的人力物力来打这场战争。

在这个时候，秦国展现出了要彻底打垮赵国的态势，而赵国那边对秦国的这些变化显得认识不足。

赵括做了主帅之后，赵军的战术完全改变，从之前的坚守阵地变成了主动出击。结果是赵国惨败，赵括本人也死在了这场战争中，四十五万赵国士兵向秦国投降。

白起接收了赵国的降兵之后，做出了一件令天下人震惊的事情。他跟部下说："赵国人反复无常，我们如果把这些降兵留着，是一个巨大的隐患，所以还是把他们都杀了吧。"

随着白起的一声令下，秦军就把这四十五万赵国士兵几乎全部都挖坑埋杀了，只留了两百多个活口让他们返回赵国汇报情况。

这种坑杀，究竟是怎样的一种做法呢？有人说，秦军是把赵军都活埋了；也有人说，秦军应该是先对赵军进行屠杀，然后再挖坑埋葬。也许是两种方式都有。

长平大战之后，白起率领军队继续前进，一步步往赵国首都邯郸打过去。这时候，韩国和赵国彻底慌了，情急之下想到了一个计谋，派人跑到秦国跟范雎说："白起如果灭了赵国，功劳那么大，您在秦国可就要接受他的领导了！"

范雎一听，觉得也对，不能让白起一下子取得那么多的功劳，不然自己在秦国的地位就不保了。于是，他赶紧跑去说服秦王，命令白起撤兵回国。白起很不情愿地回来了，后来听说是范雎在作梗，心里对范雎起了怨恨，两人从此不和。

发展到后来，白起和范雎的关系彻底掰了。在两人之间，秦王选择了范雎。最后，秦王听从了范雎的建议，赐了白起一把

剑，逼白起自杀。

白起看着秦王派人送来的剑，心如死灰，自言自语说："我究竟是做错了什么，才会落得今天这个地步呢？"

接下来，白起沉默了很久，然后说："唉，我是应该死的，因为我杀了赵国那几十万降兵。"说完就拔剑自杀了。

白起临死之前悔恨的事情是杀降。在古代的战争中，胜利一方杀死已经投降的敌人，称作杀降。古人认为，杀降是一件非常不吉祥的事情，因为它很不人道。

在历史上，那些曾经杀降的将军，往往没有什么好下场。白起之外，另一个"杀降不祥"的例子是汉代的飞将军李广。

众所周知，李广打仗很勇猛，但不知道为什么，他的运气一直不太好，没有建立一些大的战功，所以一直不能被汉朝封侯。

李广很郁闷，跟别人说："我一直不能封侯，这是不是我的命呢？"

那个人就问："将军您仔细想想，平生做过的事情里面，有没有什么让您悔恨的？"

李广想了一下，说："我最悔恨的一件事，就是以前带兵镇守陇西的时候，碰到了一些人要谋反，我就引诱他们投降，然后把他们都杀了，总共是八百多人。"

那个人一听，马上说："哎呀，杀降是会给人带来很大祸害的，这就是您不能封侯的原因啊！"

从上述故事可以看出，白起和李广这两个非常强悍的将领，在人生的一些紧要关头能够反省自己，承认错误，尽管他们犯下的过错已经很难弥补，但这种自省的品质是非常可贵的。

在这一点上，项羽就不如白起和李广了。项羽在打仗的过程中也干过杀降的事，而且杀戮规模还不小：曾有二十多万人的秦朝军队投降项羽，这些人最后都遭到了项羽的杀害。

后来，项羽被刘邦的军队逼得自杀，然而直到临死，他都不愿意反省自己包括杀降在内的过失。他说："这是上天要让我灭亡，不是因为打仗的罪过。"可以这样说，项羽一败涂地的局面，跟他这种不愿自我反省的品质是密切相关的。

知识积累

意、必、固、我

人要能做到自省，需要一个前提，那就是去除"意、必、固、我"这四种弊病。

"意、必、固、我"说法出自《论语·子罕》："子绝四：毋意、毋必、毋固、毋我。"意思是："孔子一点儿也没有四种毛病：不悬空揣测、不绝对肯定、不拘泥固执、不唯我独是。"（据杨伯峻《论语译注》）。

换句话说，一个人如果不去掉"意、必、固、我"这四种毛病，那么他的自我就会无形中放得很大，自然看不到自己身上存在的问题，因此就不会虚心进行自省从而取得长足进步。

视野拓展

过则勿惮改

古人注重自省。

例如，对于性子比较慢的人，古人认为应该"佩弦"，即佩带弓弦，因为弓弦是紧绷的状态，所以特别便于慢性子用来自警。现代学者、作家朱自清的字"佩弦"，就是据此而来的。

对于性子比较急的人，古人认为要"佩韦"，即随身带着一块熟的兽皮，熟皮很柔软，可以用来"对冲"人的急性子。

在注重自省的基础上，古人强调要正视自己的过错并勇于改过。

《论语》有很多关于改过的论述。孔子说："过则勿惮改"（发现了自己的过错就不要害怕改正）、"过而不改，是谓过矣"（出现过错然而不去改正，就是真正的过错了）、"不迁怒，不贰过"（不把怒气发泄到别人身上，自己已经犯过的错误不要再犯）、"丘也幸，苟有过，人必知之"（我孔丘很幸运，身上出现了过错，别人一定会帮我指出来），都说明了孔子极其重视建设自我纠错的能力。

"改过"是儒家极具特色的主张，尤其是认为流派序列中地位最高的人物孔子也会犯错，也需要改过，这一点在其他很多思想流派中是比较罕见的。

大将军卫青的非凡气度

本文取材于《史记·卫将军骠骑列传》。

这是关于雍容的故事，主人公的名字叫卫青，是汉武帝时期的大将军。"大将军"这三个字在当时意味着什么呢？通俗一点来讲，等于是天下兵马大元帅，是将军里面最高的头衔。

所谓雍容，是指一个人的仪态，又或者是这个人在处理事情的时候显得比较大方，有一种从容不迫的气度。

雍容气度不是那么容易修炼成的，因为我们经常看到，一个人哪怕是知道了雍容的好处，可是一旦遇到急事的时候，还是会容易显得急躁。不过，在卫青的身上，不会出现这种情况。

我们先来看卫青的身世。他的出身其实并不好，不仅家庭很贫穷，甚至因为是私生子，所以即使是在自己的家里也没什么地

位，经常被兄弟们欺负（古时的社会风气普遍歧视私生子）。随着年纪的增长，卫青开始做一些杂活儿，供人差遣，地位很低，跟当时的奴仆差不多。

在这段时间里面，卫青遇到了一个看相的人。看相是一种古老的职业，干这种职业的人，往往通过观察别人的相貌、气色等外在特征，去判断一个人的命运。看相跟占卜一样，也是有着神秘色彩的行为，一直到科技发达的当代，也还有人在干这种事情。当然，看相的可信度究竟有多高，就往往需要打一个问号了。

看相的人上下打量了卫青一番，跟他说："哎！您可是一个贵人呐，以后可是会封侯的！"

卫青一听，哈哈大笑了起来，跟他说："嗨，您看我现在做的都是什么活儿！我只不过是一个奴仆而已，如果能够少点被人打、被人骂，就已经很不错啦，哪里敢想封侯的事。"

尽管卫青的生活过得很惨，可是他并没有表现出愁苦的味道，不仅如此，他还懂得自嘲，为自己解压。这就是气度雍容的表现之一。

出人意料的是，这个看相的人还真说中了。后来，卫青真的被朝廷封了侯，成了一个身份地位非常显赫的人。

这场巨大的命运转变，是卫青的姐姐卫子夫带来的。

在一次机缘巧合当中，卫子夫跟汉武帝相遇，后来嫁给了汉武帝，先是被立为夫人，其后成了皇后。也就是说，汉武帝成了卫青的姐夫。靠着这层关系，卫青就有了接近汉武帝的机会，慢慢地得到了汉武帝的赏识，开始带兵打仗。

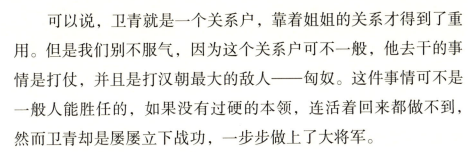

可以说，卫青就是一个关系户，靠着姐姐的关系才得到了重用。但是我们别不服气，因为这个关系户可不一般，他去干的事情是打仗，并且是打汉朝最大的敌人——匈奴。这件事情可不是一般人能胜任的，如果没有过硬的本领，连活着回来都做不到，然而卫青却是屡屡立下战功，一步步做上了大将军。

作为一个将军，卫青是怎么带兵打仗的呢？在平时，卫青对士兵们很和气，接触交流的时候相当有礼貌。到了打仗的时候，卫青永远是骑着马，飞奔在最危险的前面。在行军休息的时候，队伍口渴了，要挖井取水来喝，卫青一定是等到士兵们都喝到水了，他自己才喝。当军队过河的时候，卫青就守在队伍的后面，等士兵们全都过河了，自己才过去。另外，皇太后赏赐了很多东西给卫青，他拿到赏物之后没有一丝犹豫，全分给了自己的手下。

有一次跟匈奴开战的时候，卫青手下有一位名叫苏建的将军，领数千人与匈奴数万人交战，力战一天多，不敌，士兵死亡殆尽，单人逃了回来认罪。领兵而全军覆没是违反军法的，属于非常重的罪。当时有人建议卫青："您打仗以来，还没有杀过自己的副将。现在苏建抛弃了自己的军队，按理说可以把他斩了，这也能帮助您在军队中树立威严。"

在战争时期，这个建议无可厚非，毕竟苏建的做法会给军队造成恶劣影响。不过，卫青并没有这么做，他说："我在军队当中并不缺少威严啊。这样吧，我把苏建交给皇上，让皇上来处理吧。"

然后，卫青就跟汉武帝汇报了这件事情。汉武帝看到卫青并不专擅，很满意。而苏建的家人出钱为他赎掉了死罪，捡回一

命。苏建就是名臣苏武的父亲。

卫青当上大将军之后，由于地位极其尊贵，朝廷的大臣跟他相见的时候，就用很恭敬的礼仪拜他。然而在这个时候，有一个叫汲黯的大臣却不这样，他见了卫青并不行大礼，而是像以前那样朝卫青拱一下手，就算是拜见了。

按照当时官场上的礼仪，汲黯虽然是汉武帝的老臣子，但官位比卫青低，依照惯例是需要拜卫青的。有人看到这种情况，就跟汲黯提醒了一下。汲黯听了，马上反驳那个人说："怎么了？难道我一个人不拜大将军，大将军就会显得不尊贵了吗？"

这句话很快就传到卫青的耳朵里去了。卫青不但没有跟汲黯计较，反而认为汲黯是一个人才，对汲黯更加有礼貌了，并且在做许多重大决策的时候虚心向汲黯请教。这样的胸襟气度，也是很少见的。

卫青的外甥霍去病，早年跟随卫青一起打匈奴，作战勇敢，赢下了很多大仗，逐渐也受到了汉武帝的欣赏，地位慢慢高了起来，以至于到了可以跟卫青平起平坐的地步。发展到后来，霍去病的风头完全盖过了卫青，甚至导致了一个尴尬的情况出现：卫青手下的人纷纷离开，转而投奔到霍去病的手下做事。不过，对于这种极其尴尬的情况，卫青并不介意，既没有阻止手下的人离开，也没有对这类事情发表过怨言。

从以上的事情可以看到，大将军卫青是这样的一个人：在不得志的时候，保持着平和的心态，并不急躁，也不妄求；在战场面对敌人的时候，丝毫不胆怯，取得了赫赫战功；与同事们相处

的时候，一如既往地保持着谦虚、低调的风格。

从整体上看，无论卫青面对顺境还是逆境，他都能安然度过。可以这样说，他终生保持了雍容的气度，这种为人处事的作风就跟他的军事才华一样，非常值得后人敬佩。

 **知识积累**

燕（yān）然勒铭

从汉武帝主动出击大规模匈奴开始，汉朝开启了一个漫长的征伐匈奴的过程，其间出现的许多人物或故事，成为后人反复颂咏的对象，"燕然勒铭"乃其中之一。"燕然勒铭"又称"燕然勒功"，即把歌颂功德的铭文雕刻在燕然山的石头上。燕然，山名，即今蒙古国境内的杭爱山。勒，雕刻；铭，铭文。据《后汉书》记载，东汉大将窦宪追击北匈奴，出塞三千余里，在燕然山刻石记功。后人遂用"燕然勒铭"指建立卓著的军功或立下奇功。

 **视野拓展**

故人犹有一任安

宋朝学者吕本中有一首题为《卫青》的七言绝句："将军相继出天山，汉主吞胡意未阑。本自无心接宾客，故人犹有一任安。"

大意是："将军们相继带兵到苦寒的西北地带征伐匈奴，汉朝皇帝想要消灭蛮夷的愿望始终未曾减弱。曾经立下赫赫战功的大将军卫青，声名很快就被后起之秀霍去病盖过。卫青本来不是一个喜欢供养门客来吹捧自己的人，所以当霍去病崛起后，下属们纷纷离他而去，但在这种时候，还有一个任安不肯背叛他。"

任安是卫青的下属，因受到卫青的赏识得以出人头地，当卫青的下属们攀附霍去病时，任安始终不为所动，始终跟随卫青做事。

吕本中这首诗赞美了任安具有不趋炎附势的刚直性格，同时也是在赞美卫青为人淡泊名利而有魅力，即使在自己无所求的事情上依然有所获。

值得一提的是，任安是司马迁的朋友，千古名篇《报任安书》就是司马迁答复任安的信函。

《周易·系辞上》说："方以类聚，物以群分。"从任安身上，我们可以窥见他的朋友司马迁是什么样的为人，也就不难理解司马迁为何会有那些不计个人得失、敢于冒犯君王的行为了。

［南宋］佚名 胡笳十八拍之第十七拍

冷静

赵良为什么给商鞅
泼冷水

本文取材于《史记·商君列传》。

这是一个关于冷静的故事，主人公名叫赵良。

赵良这个名字在《史记》中只出现过一次，并且只是说了一番话，然而这番话里面却有发人深省的意蕴。

要说赵良的故事，还得从商鞅说起。

商鞅本来的名字不叫商鞅，而叫公孙鞅，他是卫国国君的后代。所以古人又称他为"公孙鞅"或是"卫鞅"。

公孙鞅成年之后，为了谋求事业上的发展，就跑到了魏国去闯荡。在魏国，公孙鞅凭着自己的能力，成了魏国宰相公叔座的得力手下。据《吕氏春秋》高诱注，"公叔座"一作"公叔痤（cuó）"，所以此处的"座"字临时变读为 cuó。

公叔座比较欣赏公孙鞅，在自己病重的时候，趁着魏王来探望自己这个难得的机会，向魏王推荐公孙鞅来接自己的班。

没想到魏王听了之后，沉默了好长一段时间——他显然不太认可公孙鞅。

公叔座没有勉强魏王，但是在魏王准备离开的时候，做了一件相当有意思的事情。他支开了身边的人，只留下魏王在自己身边，然后小声叮嘱魏王说："您如果不想重用公孙鞅的话呢，就把他杀了吧，免得他跑去其他的国家工作，将来对魏国不利。"

魏王心不在焉地答应了，随即离开了公叔座的家。

紧接着，公叔座又做了一件更有意思的事情。他把公孙鞅叫来，将自己和魏王的对话，一五一十地告诉了公孙鞅，然后解释说："我之所以那样建议魏王，是因为我做事情需要先为君主考虑，然后才是为你着想。魏王答应我要杀了你，所以你赶紧逃吧。"

公孙鞅闻言，没有表现出一丝惊惧或愤怒之意，反而笑说："魏王既然不肯听您的话重用我，又怎么会听您的话来杀我呢？我肯定是没事的，您放心吧。"

果不其然，魏王回去之后跟周围的人说："这个公叔座啊，真是病糊涂了，竟然推荐公孙鞅来做魏国的宰相，我怎么能把国家托付给这个人呢！"在这个时候我们可以看见，公孙鞅在魏王的心中是没有什么分量的：魏王对他既不看重，也不十分厌恶。大概在魏国的这段职业生涯里，公孙鞅并没有什么突出的表现让魏王看见。

接下来的事情，完全像公孙鞅预料的那样进展：魏王既不重用他，也不杀他，很快就把他给忘掉了。

不久，公叔座病死。公孙鞅看到自己在魏国虽然不会有什么灾难，但是也没有发展的机会，不甘于就此庸碌过完一生，于是离开魏国，到秦国谋求更好的发展机会。

这一个改变，还真应了那句老话：树挪死，人挪活。

当时秦国的君主是秦孝公，他非常欣赏公孙鞅，给了公孙鞅很大的权限，让他主持秦国的变法运动。在公孙鞅的治理之下，秦国变得越来越富强了。

有一次，秦国和魏国发生了一场战争，公孙鞅作为秦军的主帅，用计谋打败了魏军，狠狠地教训了魏王，逼得魏王割地求和，并且狼狈地将魏国的都城迁到另一个城市去。

这下子，公孙鞅在秦国的威望就更大了。秦孝公高兴之下，就把"商"这个地方以及其他的土地赏赐给公孙鞅。于是，古人又叫公孙鞅为"商君"，商鞅这个名字就是这么来的。但我们需要注意的是，"商"是他的封号而不是姓。

看到这里，如果我们了解范雎的故事（见本书《念旧：范雎不杀须贾》一文），就会感叹，魏国真是秦国的"好搭档"，屡为秦国"助攻"。为什么这么说？是因为在秦国的发展过程当中，商鞅和范雎这两个人都是在魏国干得不开心，跑到秦国去，最后做出了一番大事业。

人们把商鞅在秦国开展的政治改革运动，称为"商鞅变法"。变法是一个重大的历史事件。通过主持变法运动，商鞅在秦国的影响力一步步加大，与此同时，人也开始膨胀了起来，显

得有些飘飘然起来。

在这个时候，一个名字叫赵良的人跑来与商鞅见面。

商鞅看到赵良，很得意地跟他说："依你看，我在秦国的成就，跟以前的秦国宰相百里奚比起来，哪个更大一些呢？"

赵良看着不可一世的商鞅，贡献了一句流传千古的话："千人之诺诺，不如一士之谔谔。"诺诺，点头赞同；谔谔，直接表达与众不同的意见。

赵良告诉商鞅："现在您威风八面，身边的人都对您毕恭毕敬的，然而那样的人即使有一千个，也不如一个直接反对您的人来得有分量。"

是的，我们没有猜错，赵良就是专门跑来向商鞅泼冷水、表达强烈反对意见的。这究竟是怎么一回事呢？

原来，商鞅因为有了秦孝公的大力支持，在实行变法的时候，手段非常严厉，导致国内很多人尤其是秦国贵族的成员，对他的怨恨情绪越来越重。最明显的一点就是，秦国的太子犯了一些错误，商鞅就把太子的老师们处以很重的刑罚，后来又割去其中一人的鼻子，导致当事人在整整八年里都不敢出门。

赵良跟商鞅说："当年百里奚死了之后，秦国的人都为他流泪，相当怀念他。但是您现在呢，每天都需要安排重兵守着自己住的地方，出门都要时刻提防别人的攻击。如今秦国的人，害怕你多过害怕秦国的君主。这样的一种状态其实是非常值得担忧的。"

既然是这样，那应该怎么办呢？赵良劝说商鞅，不妨把秦国封给他的土地都让出去，然后多提拔那些身份很低微但是很有才

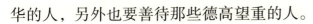

华的人，另外也要善待那些德高望重的人。

赵良给了商鞅很多详细的对策，总结起来就是：商鞅主动把自己的地位降低，将财富疏散，减少严刑峻法，同时要善待这个国家的人才。

很遗憾的是，商鞅没有采纳赵良的意见，选择了继续一意孤行下去。

后来，商鞅最大的支持者秦孝公去世，秦惠王即位。

一朝天子一朝臣。秦惠王上任，所做第一件重要的事情就是铲除商鞅，利用人们对商鞅的怨恨情绪，认定商鞅意图谋反，然后派人抓捕他。

商鞅听到消息，赶紧开始了逃亡。在过一个关口的时候，他在一家客店过夜。客店的主人并不认识商鞅，说："按照商君定下来的法令，客人如果没有带凭证，我们是不能留他过夜的。"

商鞅听了之后，深有感触地说："原来我在秦国推行的法令如此严苛，以致产生了这么多弊端啊！"

接下来，商鞅跑到了国外去，然而国外的人都不愿意接纳他。最后他走投无路，重新回到了秦国，发动自己手下的士兵和秦国军队打仗。这支私人军队自然打不过能征善战的秦国正规军，商鞅很快战败并且被秦军杀死。

商鞅死后，秦惠王把他处以"车裂"（一种酷刑，俗称"五马分尸"，将受刑者的头和四肢分别拴在五辆车上，五马驾车同时向相反方向奔跑，以此撕裂肢体）的极刑，同时诛灭商鞅的宗族，通过这些举措来平息国内各阶层的怨气。商鞅在秦国大肆使用严刑峻法，最后酷刑都落到了他和家族成员的身上，可谓悲哀。

　　看到商鞅的命运，我们不禁想到，如果当初他听了赵良的劝告，让自己冷静下来，清楚权力再大也存在极强的脆弱性，能够多行德政，与民休息，同时对形势恶化有充分的估计并提前应对，也许结局会有所不同。

 ## 知识积累

"反听之谓聪，内视之谓明，自胜之谓强"

　　这是《史记·商君列传》所载赵良与商鞅对话中的名言之一，大意是："能够听取不同意见，才是真正的听力好；能够自我省视，才是真正的眼力明；能够克制自己，才是真正的强大。"

　　这三句话都是针对当时志得意满、骄横跋扈的商鞅而发。不过，现实中的商鞅基本是逆着这三句话来做事情的，最终导致了失败。

 ## 视野拓展

法家的特点

　　先秦时代，中国有儒家、道家、墨家、法家等多个思想流

［明］郭诩 塞北图

派，史称"诸子百家"。商鞅属于法家的代表人物之一。总的来说，法家的特点是刻薄、寡恩（对人民缺少恩惠），不近人情。

根据张荫麟《中国史纲》的观点，在先秦诸子中，法家和其他思想流派相比有一个非常大的不同，那就是其他流派讲政治的时候，多少会站在人民这一边，然而法家则是专为君主打算，即使顾及人民的时候也是为了君主的利益。

《中国史纲》表示，法家分为三个支流：其一注重讲"术"，即告诉君主如何使用权术去操作臣下以及人民，代表人物是申不害；其二注重"法"，推行严刑峻法以及使用丰厚的奖赏，恩威并重开展管理，从而达到统治目的，代表人物是商鞅；其三是注重"势"，即注重塑造君主的威权，尽量让臣下以及人民害怕君主，代表人物是慎到。韩非的学说集合体现了以上三个支流的思想，被视为法家的集大成者。

本文取材于《史记·越王勾践世家》。

这是一个关于知退的故事,主人公名叫范蠡(lǐ)。顾名思义,知退的意思,是指人要知道退让、隐藏自己。

我们从小学习的时候,无论是家长还是老师,都会告诉我们要进取,不要停歇向上的脚步。这个教育理念也不能说是错的,比如在求知的道路上,我们无疑不应该轻易满足,即使是取得了很大的成绩,也要保持积极进取的劲儿。

不过,在其他方面如果总是强调进取,就未必是好事了。有时候,我们甚至需要退让甚至是放弃,才能让自己过得更好。范蠡的故事,就很好地说明了这一点。

说到范蠡,我们不可避免地要谈到越王勾践。在春秋时期,东方有两个相邻的国家，一个是吴国，一个是越国。吴国的核心地区，在今天的江苏苏州一带；越国的核心地区，在今天的浙江绍兴一带。这两个国家是世仇，经常发生军事摩擦。

在勾践当越王的时候，范蠡来到越国，成了勾践的得力干将。有一次，越国和吴国发生了战争，在打仗的过程当中，吴王阖庐受了重伤，回去之后很快就丢了性命。在临死之前，阖庐把王位传给了儿子夫差（chāi），叮嘱夫差一定要为自己报仇。

在当时，吴国的实力比越国强，并且夫差的手下还有伍子胥这样的杰出人物。所以很快地，夫差就和伍子胥一起带领军队把勾践打得落花流水。最后，勾践和几千个人退守会（kuài）稽（即今天的浙江绍兴）这个地方，眼看就要全军覆没。

在这个关头，范蠡提醒勾践："在这样的形势下，您已经没有什么选择了，需要放下面子去向吴王求情。无论对方如何羞辱、折磨我们，我们都要忍受，要争取活下来。"

越王勾践听从了范蠡的意见，向夫差认错，表示愿意为夫差做牛做马，请他放自己一条活路。

为什么放低姿态？自然是瞒不过聪明的伍子胥。他向夫差进言，叮嘱他不要相信越国的人，要乘胜追击，彻底把越国灭了。

范蠡知道了这个消息，并没有慌乱。他了解到吴王的身边还有另外一个重要的手下，名字叫嚭（pǐ），历史上把这个人称为太宰嚭。太宰嚭很贪财，并且相当好色。范蠡抓住了太宰嚭这些弱点，给他送了很多钱财以及美女，请他帮忙在夫差面前说勾践的好话。

这一招很管用，再加上夫差被胜利冲昏了头脑，觉得勾践这个人也不过如此，以后肯定也不会厉害到哪里去，就答应了越国的请求，引兵回国。

吴王走后，勾践发誓向吴国报仇，每天卧薪尝胆，刻苦工作，时刻提醒自己不要忘记会稽之耻。经过二十多年的发展，越国逐渐强大。与之相比，吴王夫差却干了一件自毁长城的事情：选择信任太宰嚭，疏远伍子胥，并且最终逼迫伍子胥自杀。

上天为越国的复仇提供了各种利好。在伍子胥死后，勾践瞅准了一个机会，出动大军彻底打败了夫差，最终灭了吴国。

勾践能够成功报仇，除了自己的努力之外，还得力于范蠡和文种这两个手下的帮助。他们同心协力，把越国治理得很好。所以在越国灭掉吴国的时候，范蠡和文种也登上了人生的巅峰，当时所有人都认为，他们肯定会受到勾践的厚重奖赏。

然而，在这个时刻，范蠡却急流勇退，出人意料地离开了。他走得很彻底：压根儿不拿越王给的奖赏，并在越国所有人还没反应过来的时候，早早打点好了行李，和家人迅速地离开了勾践，隐姓埋名地来到了齐国，在一个海滨地区定居，过起了平凡的生活。

到了齐国一段时间之后，范蠡听说文种还待在勾践的身边，赶紧写信给文种说："越王这个人胸襟比较狭隘，别人只能跟他一起经历磨难，不能跟他一起享受富贵。您为什么到现在还不离开他呢？"

　　文种看到范蠡的来信，恍然大悟，但是他并没有像范蠡那样迅速地跑掉（又或是因为范蠡的离开，已经引起了越王的警惕，从而对文种加强了监控，导致文种不容易走掉），而是宣称自己生病了，想借此逐渐远离越王。

　　文种这个做法却为自己招来了杀身之祸。在他假装身体不好的那段时间里，越王身边的一些佞人开始造文种的谣，说文种企图谋反。勾践本来也担心这些重臣将来会威胁到自己的王位，就借机逼文种自杀了。

　　文种的人生被急遽终止，而范蠡的人生却创造了新的辉煌。

　　范蠡和家人在齐国，一边种地养活自己，一边开始做生意。因为脑子活络，范蠡很快就挣了很多钱，并且因在当地乐于助人而被很多人熟知。渐渐地，齐国的人都很欣赏他，齐国政府还向范蠡发出邀请，请他出任齐国的宰相。

　　从越国的权力高位上离开，现在又要进入另一个国家的高层，这对于范蠡来说肯定是一个让他感觉很复杂的事。出人意料的是，他答应了齐国的邀请，当上了齐国的宰相。

　　没过多久，范蠡就感慨地跟自己说："我不做官的时候，通过做生意挣了很多钱；在做官的时候，能做到宰相这种一人之下、万人之上的职位。这两件事情对于我这么一个平民百姓来说，都是处于人生顶峰的状态了，如果我还长期享受那么大的名声，可不是一件吉利的事情。"

　　他当机立断，把自己的钱财拿出来，全部分给了身边的亲朋好友，然后带上最贵重的几件宝物，和家人一起悄悄地离开了齐国。

和当年离开勾践一样，这一次范蠡也是在人生最风光的时候选择了悄悄离场。他和家人来到了宋国，在一个名叫"陶"的地方住了下来。

陶就是今天的山东省定陶县，在范蠡那个时代，这里是一个非常重要的交通枢纽，极其方便人们做生意。在这个地方，范蠡给自己起了一个外号叫"陶朱公"，他就像以前在齐国的海滨那样，一边和家人种地，一边做起了生意，很快又积累了巨大的财富。"陶朱公"三个字渐渐地扬名天下，后来成了富商的代名词。

历史提醒我们，一个人在最风光的时刻，往往也是最危险的时候，处理不好就会有悲剧发生。范蠡在不同的环境下奋斗，每次都能做到取得最大限度的辉煌，同时每次都能够保全自己和家人，靠的就是知退这个意识，堪称智者的典范。

 ## 知识积累

"事了拂衣去，深藏身与名"

李白的著名诗作《侠客行》有这样两句："事了拂衣去，深藏身与名。"描述一个人像范蠡那样，懂得不自我居功，做出大事之后不求留名，拂衣隐去。

这两句诗直到今天还经常被人引用，但版本往往成了"事了拂衣去，深藏功与名"。这其实是一个错误的用法。

　　首先，历代版本的李白诗集显示的都是"深藏身与名"，不是"深藏功与名"。

　　其次，"身"和"名"这两个概念，古人常用来对举。例如《老子》："名与身孰亲，身与货孰多……知足不辱，知止不殆，可以长久。"身，指人的生命安全或长久发展；名，指声名利益等外在的东西，跟"功"字涵义相近。因此，如果说"深藏功与名"，无疑就显得累赘了。

　　这个细节充分说明了，李白读书很多，用词很讲究，并非仅凭天生才气或满腔热血进行写作。

 **视野拓展**

司马迁的财富观

　　作为一个成功的生意人，范蠡被后世商人奉为宗师。不过我们也要注意到，古代中国的主流思想是重农抑商，"士农工商"序列中，商人位居末座，做生意在当时是没有地位可言的。

　　司马迁的一个可贵之处，在于能够超越时代的成见，认为一个人追求财富增值并不可耻。在《史记·货殖列传》中，他痛心地说："无岩处奇士之行，而长贫贱，好语仁义，亦足羞也。"这句话批评了这样一些社会现象："一些人并没有真正的隐士那样高洁的人生行为，而长期处于贫穷之中，却喜欢说仁义，这是一件值得羞耻的事情。"

［明］仇英（传）游船图

上述思想并非司马迁的独创，而是源于他所景仰的孔子。《论语·述而》："子曰：富而可求也，虽执鞭之士，吾亦为之。如不可求，从吾所好。"

司马迁所主张的，就属于"富而可求"范畴，并非一味劝人追逐钱财，这是很健康且具有深远意义的财富观。

在《史记·货殖列传》中，司马迁说："无财作力，少有斗智，既饶争时。"意思是："当一个人一穷二白的时候，就靠出售自己的劳动力来挣得钱财（可以对应为今天的职场工作）；当稍微有点财富积累之后，可继续保持辛勤工作，但要讲究一些智巧，谋求在财富增值中取得胜利（'斗'字也说明了这一阶段需要冒一些风险）；当比较富裕了，就要靠争得时机来赚钱。"

这些意见，对于今天的我们来说仍然具有丰富的启迪意义。

勇

篇

胆略

文弱张良有大勇

本文取材于《史记·留侯世家》。

这是一个关于胆略的故事，故事的主人公是张良。

张良是汉高祖刘邦身边最重要的智囊，也可以说是刘邦最信任的人。汉初功臣里，萧何由于功劳过大，在天下大定后一度受到刘邦疑忌，不得不广买良田以示胸无大志、自污名节，以此让刘邦安心；陈平智谋过人，刘邦评价他虽然有智谋，但不能独当一面；至于韩信、彭越、黥布这些立下赫赫战功的将帅，更是遭到刘邦的无情杀害。

唯独张良，立下不世奇功，同时始终没有遭到刘邦猜忌，这是非常难得的。这种情况固然跟张良有着高超的智慧、懂得避祸密切相关，但最核心的原因，应是他并不真正掌控权力，不具备动摇刘氏江山的资本。反观其他功臣，萧何是相国（地位比丞相更尊贵），陈平是丞相，可以说是处于权倾天下的位置；至于韩信、彭越、黥布，更是手握重兵，随时可以造反，他们即使每日都向刘邦泣血磕头表忠心，都难以让刘邦安然入睡。

秦朝末年，刘邦在沛县起兵反秦，人们称他为"沛公"。当时反秦的豪杰很多，刘邦绝对算不上实力最强的那个。不过，他的动作却最迅速，率先带兵攻占了首都咸阳，接受了秦朝的投降。

受降之后，刘邦的流氓习气就犯了，立即把秦宫里的奇珍异宝以及美女据为己有。

刘邦麾下大将樊哙看到了，跑来质问他："沛公啊！您这么辛苦一路走来，究竟是想打下一片江山，还是只想做一个富翁呢？"

樊哙劝刘邦，不要那么急着去占有这些东西，毕竟在当时的反秦联盟当中，项羽才是盟主，所以最好等项羽来处理秦朝宫廷的宝物。

从身份上说，樊哙和刘邦是连襟。所谓连襟，即刘邦的妻子和樊哙的妻子是两姐妹。这是非常亲近的关系，但即便如此，刘邦并没有听樊哙的话。

张良看在眼里，专程跑来跟刘邦说："秦朝政府正是因为作风奢侈，又实行高压统治，令天下的人怨恨，所以我们才起兵来反对它。现在我们的事业刚刚有了点起色，更应该树立起一种节俭的形象。樊哙对您说的话是不太中听，但忠言逆耳利于行，希望您能够听得进他的意见。"

奇迹出现了：樊哙的苦口婆心对刘邦不起任何作用，而张良只用了简单的几句话，就让刘邦乖乖听从了。从这里我们也可以看出张良在刘邦心中的分量。

张良智慧超群，这是大家都知道的事情，但可能很少人注意到的是，他同时还具有无与伦比的胆略，为人极其勇猛，在很年轻的时候，就能做别人想都不敢想的事情。

论身世，张良是真正的贵族，他的祖父和父亲两代人在战国时期都做过韩国宰相。后来，秦始皇把韩国灭了，张良家族开始流落江湖。于是，张良发誓一定要刺杀秦始皇，为韩国的君主，也为自己的家族报仇。

这时候的张良，是一位既没有势力，也没有多少人生经验的少年，想要杀死秦始皇，就跟痴人说梦差不多。可是张良不管这些，他请人打制了一柄一百二十斤重的铁椎，重金聘请了一位大力士，伺机开展复仇行动。

当时的秦始皇吞并了六国，春风得意，经常到各地去视察。皇帝出巡，地方上的安全保卫工作自然是做得非常到位的。张良就一路跟随，终于在博浪沙这个地方，找到了一个千载难逢的机会，让大力士向秦始皇乘坐的马车投掷铁椎。

铁椎是砸中了车，但不是秦始皇的座驾，而是随从的。张良的刺杀行动，其实已经相当接近成功了，但没有办法，运气没有站在他这边。

秦始皇发现有人要谋杀自己，愤怒至极，马上命令全国各地所有政府部门，务必全力追捕凶手。

　　张良于是隐姓埋名，开始了到处逃亡的历程。

　　在逃亡的路上，他又展现出了惊人的胆略：完全看不出一丝惊惶，依然每天从容地生活。有一天，他外出散步，路过一座桥的时候，遇到了一位老人。这位老人看到张良，故意把自己的鞋子掉到了桥下，然后用命令的语气对张良说："小子，到桥下帮我把鞋子拿上来！"仓促间遇到这么无礼的一个人，张良一时有些愕然，想动手打他；但因为对方年纪大，所以强忍住怒火，到桥底下帮他拿鞋子。不料老人"得寸进尺"，要求张良为自己穿上鞋子。张良想，既然已经把鞋拿上来，也不差这一步了，就跪着为老人穿上了鞋。之后，老人大笑而去。

　　自己正在被朝廷追杀，换了别人，早恨不得整天躲在深山老林里不让任何人看见，而张良居然有闲情去散步，当遇到有人挑衅自己的时候，居然还敢有怒火——要知道，在这种时候，他闹出的动静越大，就越容易招来杀身之祸。

　　这些细节，都显示出了张良的非同寻常——敢于冒险、能够冒险。第二点更为关键，张良很显然不是胡乱冒险，他大概是隐约觉察出眼前这位老人不简单，于是选择了静观其变。

　　果不其然，这是一位身怀绝技的老人，他考验了张良几次之后，向张良传授了兵法。这些兵法帮助张良在事业上取得了巨大的成功，这是后话。

　　另一件非常能够说明张良胆子大的事，就是鸿门宴事件了。

　　在刘邦率先攻破咸阳之后，就有人放出流言来说："刘邦想跟项羽争夺盟主的地位。"

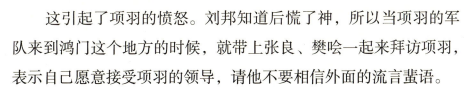

　　这引起了项羽的愤怒。刘邦知道后慌了神，所以当项羽的军队来到鸿门这个地方的时候，就带上张良、樊哙一起来拜访项羽，表示自己愿意接受项羽的领导，请他不要相信外面的流言蜚语。

　　项羽本来是怒气冲冲的，见刘邦对自己这样卑躬屈膝，气也就消了一大半，不跟他计较了。大家聊了一会儿，项羽开始设宴招待刘邦。

　　项羽的首席参谋范增认为，虽然现在刘项之间的势力对比悬殊，但刘邦将来必然是项羽最大的敌人。于是在吃饭的时候，范增多次暗示项羽要动手杀掉刘邦。

　　这大概是刘邦平生吃过的最难受的一顿饭了。终于，他实在受不了里面那个紧张的气氛了，抓住了一个间隙推说要上厕所，并把樊哙、张良一起带上，大家在厕所里简单商量了一下，决定马上开溜。

　　他们的安排是这样的：刘邦和樊哙先走，张良留下来单独应对项羽。

　　张良在厕所里面等，估计刘邦差不多回到军营了，才进屋子里见项羽。

　　这时候，只要张良惹得项羽一个不愉快，就会马上丢了性命。

　　项羽问张良："沛公去哪儿了？"

　　张良回答："他知道大王您还是有责备他的意思，怕您怪罪，就先回去了。临走的时候，他把几块珍藏的宝玉交给我，让我献给您。"

　　这番话说得很直白，看上去容易得罪项羽，实际上回答得极

其机智，这是因为：

第一，强调了刘邦对项羽的畏惧，以此来赞美项羽的强大，目的是麻痹项羽；

第二，张良心里清楚，在项羽这样的枭雄面前，耍什么小聪明都是徒劳的，还不如直接说实话。

项羽果然没有为难张良，放他回去了。张良能这样从容地应对项羽，没有相当的胆略，肯定是做不到的。

在写《史记》的过程中，司马迁收集了大量关于张良的材料，听多了那些传奇故事之后，司马迁一度以为张良是个身材魁梧的人，后来看了张良的画像，发现长得像一个漂亮的女子，而且还知道他身体文弱、经常生病，不禁大感意外。

对于这样一个张良，司马迁感慨地说："人真是不可貌相啊。"

 ## 知识积累

"以言取人，失之宰予；以貌取人，失之子羽"

张良的画像与生平行事风格不符合人们常规想象，这件事对后人来说是一个很好的提醒：如果我们"以貌取人"，可能会出现较大的误判。

宰予（姓宰，名予）是孔子的弟子，为人能说会道，一度让孔子觉得这位弟子很有前途。然而，宰予在践行方面有所不逮，甚至还因为日上三竿了依然在睡懒觉，被孔子批评为"朽木不可雕"。

　　澹（tán）台灭明（复姓澹台，名灭明，字子羽）也是孔子的一名弟子，这个人相貌很丑陋，不讨孔子的喜欢，曾被孔子判断不会有什么大的成就。不过，澹台灭明在孔门学成归去之后，

［明］李在 圯上授书图

将孔子的学说发扬光大，帮助了很多人，得到了不少诸侯的赞赏，取得了显著的成就。

对于宰予和澹台灭明这两名弟子的前后对比，让孔子发出了这样一番感慨："以言取人，失之宰予；以貌取人，失之子羽。"提醒人们不要因为别人能够把话说得漂亮，就对这个人高看一眼，还得要看他具体是怎么做的；同时，也不要因为别人其貌不扬，就对人低看一眼，历史上可是有不少相貌丑陋的人做出了一番大事业。

 **视野拓展**

《史记》的高远价值

在《史记》中，记载张良事迹的《留侯世家》无疑是最具有传奇色彩的篇章之一：逃难过程中偶遇圯（yí）上老人，得到老人传授"秘笈"，学到了绝世兵法和精深计谋；辅佐刘邦过程中做出的各种分析或决策，都显得料事如神，在险恶的斗争环境中，张良似乎没有明显的失算；刘邦晚年想废黜太子，太子母亲吕后感到恐惧，派人劫持张良以问计，张良建议吕后请出刘邦一直请不来的"商山四皓"（隐居于今日陕西商山上的四位老人），让他们听从太子调遣，以此向刘邦传递"太子深得人心"的信号，从而打消刘邦另立太子的想法……以上事例，都很难用常理去判断。

有人因此质疑《史记》，认为里面记录的很多极其机密的情

［宋］佚名 松谷问道图

况，作者写得如同亲眼所见，显然不太可信，毕竟作者并不在场，怎么可能会把情况掌握得那么详细？

其实，这份在写作上的过人胆识正是司马迁的了不起之处。

当时文献甚少，有关张良的事迹，除了官方留下的记录，还有各种不同人物的口耳相传，其中免不了添油加醋之处。在处理材料的时候，如果觉得在常理方面说不通就放弃收录，那无疑会丢失很多重要的信息，同时许多独特的人物也会显得黯然无光。后世的许多史家，由于没有司马迁那般过人的胆识，在写作过程

［元］佚名 商山四皓图轴（局部）

中显得拘缩，写出的作品不像《史记》那样神采奕奕。

　　此外，无可否认的是，每个人都有各自在认知或能力方面的局限。比如，甲认为不可能的任务，对于乙来说可能是轻而易举做到的事情。张良极具传奇色彩的人生，有自己的努力所致，也有时机、运气、他人助力等因素加持。《史记》作为一本史书，它的第一要务是记录作者所掌握的史实，本身并不承担讲清楚各种因果关系的功能。

　　在《留侯世家》最后，叙述了张良希望完全不理会世间的事务，专门修炼一种叫"辟谷"的神仙术。吕后不同意，强制张良吃饭，张良只能听从。原文是这样说的：

　　　　吕后德留侯，乃强食之，曰："人生一世间，如白驹过隙，何至自苦如此乎！"留侯不得已，强听而食。

这是一个意味深长的叙述：张良修炼神仙术，其中一个用意显然是希望远离险象环生的政治环境，然而这怎能蒙骗得了深于权术的吕后？原文一句"德留侯"（感激张良），显示吕后用一种表面上的"好意"，强行让张良回到"人间"来——其实就是要求他继续为自己服务。即使显得那么与世无争的张良，最终也并未得到真正的超脱。

　　世网难脱，真能超然物外的，古往今来又有几人？

　　司马迁以高才卓识，为作品赋予丰富的开放性，留下广阔的讨论空间，体现出极高的史学及文学才华。

本文取材于《史记·孔子世家》和《史记·仲尼弟子列传》。

这是一个关于阳刚的故事，主人公是孔子和他的学生们。在故事开始之前，我们先来读一首诗。

唐朝的天才诗人李贺，写过一组题目叫《南园》的诗，里面有一首是这样的：

男儿何不带吴钩，收取关山五十州。
请君暂上凌烟阁，若个书生万户侯。

这首诗的大意是：男子汉大丈夫就应该带上宝刀，为国家收取那五十州不听管理的广阔土地；凌烟阁是唐朝政府建造的，里面放了开国功臣的画像；如果你登上凌烟阁，就会发现那些建立了伟大功业、被封为万户侯的人，没有几个是书生。

李贺在感叹，文人书生的体质普遍都比较弱，打不了仗，难以成就一番大事业。我们平常说的"文弱书生"，与李贺这首诗里的书生形象是一致的。

不过，如果回到更远的时期去看，很容易就会发现那时候的书生其实并不文弱，最显著的例子就是孔子和他的学生们。

孔子是中国思想文化史上的泰山北斗，传说他教出了三千名学生，在日常的教学中，孔子非常重视文化方面的学习。在这样的背景之下，孔子的另一个特点就经常被人忽视：在重视文化修养的同时，他自身还是一个非常勇猛的人。

根据史书记载，孔子的身材非常魁梧，这是有遗传因素的，他的父亲叔梁纥（hé），是一个力气非常大的人，在一次动乱当中，他居然能够用手把沉重的城门举了起来，如果不是一个极其高大强壮的人，很难做到这一点。

在孔子的众多弟子当中，有一个很特别的成员——子路，他比孔子小九岁，在没有进入孔门的时候，此君可以说是一个小流氓：喜欢打架，经常惹事。

子路与孔子相识的过程是这样的：他听说了孔子在做一些教育方面的事情，就戴上装饰有公鸡图案的帽子，气势汹汹地去挑衅孔子。

《史记》叙述到这里的时候，一笔就带过去了，只是说孔子设了一些礼仪去引导子路，子路回去之后，就跟孔子的其他学生

打招呼，表示希望自己也能成为孔子的学生，于是后来就顺理成章地拜师了。

这番叙述太简略，其过程应该没有那么简单。后来，有一些学者分析，在子路侵犯孔子的时候，这两个人当时应该是打了一架，并且是孔子把子路打败了，子路对孔子心悦诚服，甘愿成为孔子的学生。

这个分析是很有道理的。为什么这么说？我们先来看看子路究竟是一个什么样的人。

《论语》记录了子路和孔子的这样一次对话。

子路成为孔门弟子之后，有一次问孔子："卫国想请您去治理他们国家，您一旦上任了，最先做的事情是什么呢？"

孔子说："当然是先'正名'啊，就是把各种事物的名称都摆正了，做到名称和实际内容相符合。"

子路一听，马上说："哎！现在还说这个，老师您也太迂腐了吧！"

孔子把子路批评了一番，并且告诉他"正名"的重要性：名正了，才能言顺，如果名不正，就会言不顺，言不顺，事情就做不成了。

我们看到，子路是一个非常直爽的人，直爽得甚至有点鲁莽。像这种脾气的人，本身又非常会打架，如果一个人没有把他打败，他是不会对这个人服气的。

在孔子的门下，除了子路，还有不少武艺高超的弟子。

孔子是鲁国人，他有自己的一套政治理想，希望理想得到实践，这就需要有一定的官职。但是鲁国当权者并不重用他。在这样的形势下，孔子就带着自己的一批弟子周游列国，拜访各国的君主，希望能在当地描绘自己的蓝图。

这一路走得非常辛苦，他们遭遇了许多不礼貌的对待，甚至受到了武力上的攻击。

有一次，孔子和弟子们刚刚来到匡这个地方，马上就被当地人包围住了。当时孔子的情况非常危急，以至于他被逼得说了一句狠话，他说："如果上天注定不使我身上承载的这些礼乐文化消失，那么匡人又能把我怎么样呢？"

后来，匡人自动散去了。事后大家才知道，这原来是一场误会：在以前，有一个叫阳虎的恶人曾经侵犯过匡，令匡人怀恨在心；巧合的是，孔子的相貌跟阳虎有点像，匡人误以为阳虎又来了，于是主动出击，把孔子包围住。

在这个事件的背后，有一个我们很容易忽略的情况，那就是：如果孔子和弟子们都是文弱书生的话，那么面对一群充满仇恨情绪的人，很可能一下子就被消灭了，而不是双方对峙了很长一段时间。

又有一次，孔子和弟子们经过蒲这个地方，再次出现了险情，遭到了当地人的攻击。在危险关头，孔子有一个叫公良孺的学生，站出来大声呵斥那些歹徒："之前我和老师在匡遇到了险情，现在在这里又遇到了这种事，战死在这样的场合里，大概就是我的命运了！我要跟你们血战到底！"

根据《史记》记载，公良孺非常有才能，同时也很勇猛。蒲

人看见公良孺如此威武，不敢向前逼近，最终把孔子一行放了。

　　在孔门弟子中，澹台灭明也有"力能斩蛟"的传说。蛟是传说中一种凶猛的动物。这种事情可信度当然不高，但从中也能看到，澹台灭明肯定也是一个非常勇猛的人。

　　在孔子周游列国的十四年里，遇到了很多次生命危险，之所以能够安全地回到鲁国，一个重要原因是他的身边有许多武艺高强的学生。

　　学生都这么厉害了，孔子自然也不会差。当时的人赞扬孔子"多能"，意思是说他什么技能都掌握，其中大概率孔子也是精通武艺的。

　　那时的"六艺"之一是"射"，孔子就精通箭术，据《礼记·射义》，孔子曾当众演习箭术，"观者如堵墙"，围观场面十分热闹。而射箭可是非常考验臂力的。

　　孔子和弟子们的事迹，无疑是在告诉世人：我们要有书生的文化修养，但不要做文弱书生，需要积极强身健体，锻炼阳刚的品质，这样才能更好地应对世间的风雨。

 **知识积累**

"见义不为，无勇也"

　　"见义不为，无勇也"这句话出自《论语·为政》所载孔子的话语，意谓真正的勇，是见义事而有作为。义者，宜也。当

一个人遇到应当做的事而不去做，在古人眼中就是无勇的表现。

唐朝时期，酷吏来俊臣陷害狄仁杰等人，在将要施行死刑前夕，武则天让李峤、张德裕、刘宪等人复核案件。张德裕等人心里非常清楚狄仁杰是被冤枉的，但因为来俊臣炙手可热，势力很大，为了避免惹祸上身，就对来俊臣的处理意见表示认同，不敢有异议。

这时候，李峤（其诗作《风》"解落三秋叶，能开二月花。过江千尺浪，入竹万竿斜"入选中小学语文课本）挺身而出，说："岂有知其枉滥而不为申明哉！孔子曰：'见义不为，无勇也。'"说服张德裕，大家合力为狄仁杰等人申说冤情。由于这个举动，李峤遭到了贬官，但狄仁杰等人也因此免于死刑。

 视野拓展

什么是君子之学

君子之学，所为何事？这是儒家也可以说是古代读书人的一个核心命题。

孔子周游列国的时候，发生了一场著名的"陈蔡之厄"。当他和弟子们来到陈国、蔡国之间的时候，大伙儿断粮了，过得非常辛苦。在这种情况下，孔子意态自若，每日抚琴不辍，并且让人听不出任何慌张烦乱之音。

由于当时的处境实在太艰难了，以至于即使是像子路、子贡这样的孔门高足也在意志上发生了动摇，怀疑自己跟随老师做的这些事情究竟有没有价值。

据《荀子·宥坐》记载，孔子知道弟子心里的意见后，就把他们召到跟前，告诉他们，一个人是否得志，取决于很多偶然性因素，如果是凭借自己的努力就能够取得想要的结果，那么商朝的重臣比干就不会被纣王处死，伍子胥也不会遭到吴王的杀害——这两个人都是一心想为国家好，极力劝谏君王，结局却完全不是自己想要的。

孔子认为，一个人的志向是否能够实现，受太多人力之外的因素影响，因此我们不能总是关注成功与失败。他告诉弟子："芷兰生于深林，非以无人而不芳。君子之学，非为通也，为穷而不困，忧而意不衰也，知祸福终始而心不惑也。"（出自《荀子·宥坐》，下引同）孔子拿芷兰做比喻，这种香草不会因为长在深林之中无人欣赏就不盛开。君子做学问的要义，不是一定要追求成功，而是要做到：即使在不如意的时候，仍然不会感到心力困乏；即使在感到忧心的时候，仍然不会意志衰颓；要清楚了解祸福产生的原因，但内心不要为祸福而困惑，真正做到乐天知命。

"故君子博学、深谋、修身、端行，以俟（sì）其时。"孔子认为，君子应该做的，就是平日里要做到博学多识、深谋远虑、修身自好，不怨天、不尤人，安静等待适合自己施展才华的时机到来，至于事情能不能做成，则不需要过于关注。

这是孔子精神的一个伟大之处。

躬行

子路身上最光彩照人的精神

本文取材于《史记·卫康叔世家》和《史记·仲尼弟子列传》。

这是一个关于躬行的故事，主人公是孔子的学生子路。

所谓躬行，是指人亲自践行自己认识的各种道理。

在上一篇讲阳刚的故事当中，我们谈到过子路这个人。用今天的话来说，子路是一个"愣头青"，性格很冲，连自己的老师孔子也敢冒犯。而孔子也不客气，经常不留情面地批评子路。

这是不是意味着孔子不喜欢子路这个学生呢？恰恰相反，在三千个学生当中，孔子最喜欢的，可能就是子路。

为什么这么说？我们来看看《论语》里记载孔子说的话："道不行，乘桴浮于海，从我者，其由也与（yú）？"这是在说："理想没办法实现，我不如乘坐小船出海隐居算了。这个时候还

愿意跟随我出海的人，应该只有仲由了吧？"

这里的仲由，就是子路。

孔子这句话当然只是一个感慨，但是我们也能从这里面看出，他对子路的喜爱程度是相当深的。

孔子为什么喜欢子路？很大的一个原因恐怕是子路身上有一个非常鲜明的特质，那就是非常注重躬行。

子路躬行到什么程度呢？《论语·公冶长》原文说："子路有闻，未之能行，唯恐有（yòu）闻。"这句话的意思是，子路听说了一个道理之后，如果自己还没有去付诸实践，就唯恐又听到下一个道理。

另外，根据《论语》的记载，"子路无宿诺"。也就是说，只要答应你今天做的事，子路就不会拖到明天去做。

下面的这个事，是子路躬行的最好例子。

在跟随孔子学习了一段时间之后，子路去卫国找工作，到卫国大臣孔悝（kuī）的手下做事。本书关于卫国的故事里曾提到，卫国是一个内乱非常严重的国家，社会风气非常不好。

子路在卫国工作期间，碰上了一场动乱。

卫国君主卫灵公在位的时候，立下了一个太子，名叫蒯（kuǎi）聩（kuì）。这个蒯聩跟卫灵公夫人南子的关系处得特别糟糕，而卫灵公非常宠爱南子，太子见此，担心南子会不断向卫灵公进谗言加害自己，决定先下手为强，和一个手下开始策划杀死南子。

万万没想到，这个手下非常不给力，将要行动却临时反悔

了，计划不但没有执行，反而被南子发现了。

蒯聩看到这种情况，知道自己在卫国待不下去了，于是赶快跑到晋国去避难。

后来，卫灵公死了，接班做国君的，不是别人，正是蒯聩留在卫国的一个儿子。

蒯聩听说自己的儿子做了卫国的君主，心里非常高兴，觉得自己是卫灵公的合法继承人，回国之后，儿子应该会把位子让给自己。

于是，他在晋国的帮助之下，带上一队人马兴高采烈地回卫国去。

出人意料的是，卫国政府知道了之后，非但没有迎接，更是派出军队阻挡蒯聩回国。

蒯聩没有办法，只能继续待在国外，但是他想当卫国君主的心不死，很快又想到了另一个计谋。

他的计划是这样的：当时掌握卫国实权的人是大臣孔悝，孔悝的母亲是蒯聩的亲姐姐——也就是说，孔悝是蒯聩的外甥。

蒯聩就利用了这层关系，悄悄地潜回了卫国的都城，在姐姐的帮助下劫持了孔悝，强迫他与自己结成联盟，合谋杀死国君。

一个父亲为了能够当上国君，处心积虑杀死自己的儿子。权力的斗争就是这么荒唐与残酷。

这一次政变，蒯聩成功了，他的儿子没有办法应对这个局面，闻讯逃出了都城。

在这个时候，作为孔悝下属的子路，身处都城之外，听到了城内动乱的消息，二话不说就往都城的方向奔跑。

在路上，他碰到了孔门的同学子羔。子羔跟子路一样，当时也在卫国政府工作。

动乱发生的时候，子羔就在都城，他历经千辛万苦从城里逃了出来，路上看到子路要往城里去，赶紧说："卫公都已经逃跑啦！现在城里面很乱，你可千万不要进去。再说了，那是别人的家事，跟我们没有关系呀！"

子路说："我拿了卫国人给的薪水，怎么能看到他们有难就自己躲起来呢？"

子路没有听子羔的话，继续往都城的方向走。

当他来到城门下的时候，就连守门的人也劝他不要进去。子路不听，一定要进城。守门人拒绝为他开门。

子路就在那里耐心地等，终于在有人要出城门的时候，逮住了一个空当，快速跑进城里去。

这个时候，蒯聩已经控制了局面，和孔悝一起登上了一座高台，正想象着自己当国君的风光样子，这时候就看到子路冲了过来。

关于子路进入卫国都城找蒯聩这件事，《史记》有两个说法。

第一个说法是《卫康叔世家》里的，文中说子路冒险进城，是为了救他的上司孔悝。

第二个说法是《仲尼弟子列传》里的，子路认为孔悝和蒯聩合谋作乱，属于为非作歹，所以尽管孔悝是自己的上司，也不能容忍，要求蒯聩杀了孔悝。

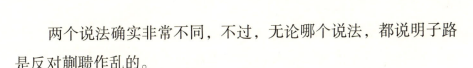

　　两个说法确实非常不同，不过，无论哪个说法，都说明子路是反对蒯聩作乱的。

　　蒯聩当然不会听子路的，他派出了两个大力士跟子路搏斗。众所周知，子路是非常勇猛的人，他以一敌二，丝毫不畏惧。

　　然而，在打斗的过程中发生了一个小意外：子路帽子的丝带被对方的兵器割断了。

　　本来在生死搏斗的时候，出现这种情况是很正常的。不过，这个时候的子路，出人意料地做了一件事，他的原话是这样的："君子死，冠（guān）不免。"意思是：一个真正的君子，时刻都需要注意自己的礼仪，绝对不能让自己的帽子落地（当时君子的一种行为风范）。

　　于是，子路就腾出手来，绑好自己的帽带。这可是在生死搏斗啊！就在这个间隙，两个大力士杀死了子路，把他剁成了肉酱。

　　这就是"子路结缨"的故事。"结"就是"绑"的意思，"缨"是指固定帽子的丝带。我们看到，即使在最危险的时候，子路仍然在躬行君子的礼仪。当然也有说法认为，当时的子路势单力薄，与对手实力悬殊，在战斗中已走到生命结束时刻，"结缨"是他躬行君子礼仪的最后举动。该说法与史书记载不同，但也说明了子路始终注重恪守君子之风。备存一说。

　　子路的这种做法是非常能够体现出一个人的生命尊严的。现实中，我们也许做不了"子路结缨"这种事，但毫无疑问，他值得我们肃然起敬。在这个世界上，有太多人尽管知道了很多大道理，说起来一套一套的，但就是不能践行。看多了这一类人，我

们才更加知道子路的可贵。

当时孔子在鲁国，他听说卫国发生内乱的消息后，十分伤心地说："唉！子路恐怕要死了！"他太了解这个弟子了。他知道子路必定不会轻易选择逃难，估计是很难保全性命了。事实也证明，孔子果然是最了解子路的人。

子路被人剁成了肉酱，孔子再也不吃肉酱类的食物。从这一个细节也可以看出孔子和子路感情之深。

 **知识积累**

"知而不行，只是未知"

人是观念的动物，日常的语言、行动，无不受到观念的左右。

子路注重躬行的精神，背后是人们对"知"和"行"关系的关切，这是历代很多人讨论过的话题，其中特别具有代表性的一个论断，是明朝大儒王阳明的"知行合一"主张。

有弟子曾经这样对王阳明说：人人都知道对待父亲要尽孝、对待兄长要恭敬有礼，但在现实生活中，却有很多对父母不孝、对兄长不敬的事情发生，从这一点便可知道，"知"和"行"是两件截然不同的事。

王阳明回答："未有知而不行者。知而不行，只是未知。"（《传习录》）他告诉弟子，"知"和"行"两者是一体的，不能割裂看

［明］仇英 人物故事图之子路问津

待，一个人若是知道了道理然而不能躬行，便不能算真正知道。

 ## 视野拓展

子羔选择逃走究竟有没有错？

学生读《史记》中国人的精神品格

子路遇害前与孔门同学子羔相遇，子路选择进城，子羔选择逃难。不同的抉择，导致了不同的命运。子路不畏强暴，慷慨赴难，是极其难得的表现。但这是否意味着，子羔的选择就是不对的呢？

并非如此。首先，我们需要知道，子路和子羔所面对的，是一群蓄谋已久、穷凶极恶的暴徒。几个正义之士在猝然遭变的时候，贸然直撄其锋，几乎等同于送死。子羔选择逃难这件事本身，既没有为虎作伥，也没有伤害他

［宋］李公麟 孔子弟子像卷之子路像

人，绝对说不上是做错事。

这就引发我们思考，我们在评价人之前，应该记取《论语》的这句话："躬自厚而薄责于人。"也就是说，遇事多问问自己是否能做到，不要轻易责备他人。动辄占据"道德高地"去责备他人，很容易变得刻薄，这其实不符合儒家关于"仁"的价值取向。

清代著名学者汪中，曾写下一篇传世名文《经旧苑吊马守真》，文中有这样一句话："人生实难，岂可责之以死。"马守真是明朝的一个妓女，用古代的道德观来看，其人可谓身份卑微、名节已污。汪中认为，人生其实是非常艰难的，我们没有资格用"死"来责备马守真。这是仁者本色。

子路值得我们尊敬，但子羔也没有做错。

本文取材于《史记·刺客列传》。

这是一个关于报恩的故事，主人公名叫豫让。

在现代的武侠小说或动作电影里面，经常会出现刺客这种角色。顾名思义，刺客做的事情，就是使用一些不光明的手段去杀死别人，所以刺客往往见不得光，人们对这些人的评价普遍也比较低。

但有一种刺客，却能够赢得别人的尊敬，甚至连他们要刺杀的人有时也对他们表达出很高的敬意。豫让就是这样一位刺客。

豫让是春秋末期晋国人。当时晋国的君主已经完全是一个摆设，权力被国内六个大家族掌控着。这六大家族分别是：智氏、范氏、中行氏、韩氏、魏氏、赵氏。

豫让出生在一个普通家庭，为了谋生，先后为范氏以及中行氏这两大家族工作过，但都不被重用。豫让觉得，这样耗下去也不是个办法，就投奔了智氏。

智氏家族的首领智伯非常欣赏豫让，给了他很好的待遇。

当时晋国内部六大家族之间的争斗相当厉害，其中智伯的能力很强，消灭了范氏和中行氏，把对方的地盘据为己有。这样一来，在剩下的四大家族中，智氏成了势力最大的一家。

智伯还不满足，希望把赵氏也干掉，就联合了韩氏和魏氏的兵马，一起攻打赵氏的领地。

赵氏家族的首领是赵襄子，他是一个非常聪明的人，他想方设法派人带话给韩氏和魏氏的首领："你们帮助智伯把我灭了，接下来就是智伯收拾你们了！那时智伯的势力会更加强大，你们谁也挡不住！"

韩氏和魏氏的首领听了，如梦初醒，顿时感到毛骨悚然。这时候的智伯，眼看就要消灭赵氏，也志得意满起来。韩氏和魏氏的人看到这种情况，马上联手开展了一场紧急叛变，联合赵氏共同发力，杀死了智伯，继而分掉了智伯家族的全部土地。

由于赵襄子之前被智伯欺负得很厉害，在智伯遇害之后，赵襄子还觉得不解恨，把智伯的头上了漆，做成容器来盛酒，以这样一种野蛮的行为方式来发泄心头之恨。

在这场重大变故当中，作为智伯的下属豫让幸运地躲过一劫，躲到了深山野林里，同时发誓说："士为知己者死。智伯是我的知己，我一定要为他报仇！"

　　豫让决定刺杀赵襄子。他更名改姓，想办法混进赵襄子的家中做苦力，其中有一项工作是修理和清洁厕所。

　　有一天，豫让进厕所开始工作。他故意放慢了工作节奏，等待赵襄子的出现。

　　不久，赵襄子上厕所解手。根据《史记》记载，在那一瞬间，赵襄子突然"心动"，派人把厕所里的这个"工人"抓了起来。大家从豫让身上搜出了一把锋利的匕首。

　　赵襄子为何会毫无征兆地"心动"？史书没有说明原因。有意思的是，据《史记》的记载，刘邦也曾经因为突然间"心动"，然后马上改变原定行程，从而化解了险情，躲过了暗杀。

　　"心动"这两个字，体现了司马迁在写作上的高明之处。这是因为，历史上许多事情并非都是必然发生的，里面包含了太多的偶然性。这些偶然性虽然很难解释，但对于一个优秀的史家来说，应该要记录下来。

　　赵氏家族的人看着豫让，非常震惊，厉声质问他来这里究竟想干什么。

　　豫让也不隐瞒，说："我叫豫让，以前是智伯的下属，现在是来为智伯报仇的！"

　　这话一出，满堂哄然，大家七嘴八舌地说："马上把这个人杀了！"

　　出人意料的是，赵襄子没有同意下属的建议。他当着豫让的面对下属们说："这是一个义士，不能杀，我以后避开他就是了。"

然后，赵襄子把豫让放了。

豫让生还之后，还是决定继续刺杀赵襄子。不过，赵襄子已经认得他的样子，下次就更难接近了。

怎么办？豫让想到了一个方法，那就是"吞炭漆身"：烧红一块炭吞进喉咙里，用这种极端的方式毁掉了嗓子，声音自此变哑；然后，他又找来了一桶漆，把全身涂抹了一遍，让皮肤生疮如得了癞病，毁掉了自己的相貌。

这一招很奏效，豫让走在大街上，他的妻子都认不出他来。

不过，豫让的一个朋友还是认出他来了。看到豫让人不像人、鬼不像鬼的模样，朋友伤心地哭了起来，他说："以你的能力，完全可以假装服从赵襄子，在他身边工作，慢慢取得他的信任，然后找机会为智伯报仇。你何必这样摧残自己呢？"

豫让说："这个做法其实就是怀着二心去做别人的下属。我不能干这样的事情。"

有一天，豫让得知赵襄子要外出，就在身上藏了武器，来到一座桥下等待他们经过。

赵襄子的马车经过，一个意外发生了：那些马看见豫让，受到了惊吓，嘶鸣了起来。赵襄子一看，就说："这个人应该就是豫让。"于是让手下把他抓了。

赵襄子当场责备豫让说："你以前也为范氏和中行氏做过事，智伯把这两个家族都灭了，你不为这两家报仇，反而几次三番来找我为智伯报仇，这不是很可笑吗？"

面对这个问题，豫让说出了一番流传千古的话，他说："范

氏、中行氏对待我的礼数，就跟对待众人没有区别，我只能以众人的礼数来报答他们，怎么会献出我的生命呢？而智伯不同，他是以对待国士的礼数来对我的，所以我也以国士的礼数来报答他，哪怕没了命，也在所不惜！"

赵襄子听了之后，一边叹息，一边流下了眼泪。他说："真是了不起！不过，我已经放过你一次，这次无论如何也不能让你走了。"

豫让说："我明白。请求您把衣服脱下来，让我用剑刺几下，好让我有面目到地下去见智伯。"

赵襄子答应了。豫让拔出剑，刺了几下赵襄子的衣服，然后自杀了。赵人听说了这件事，纷纷流下了眼泪。

古人欣赏豫让，并不是鼓励人们去做刺客，而是因为，豫让报答智伯的行为，体现出了一种极其难能可贵的报恩精神。

人在世上，真正的知己是极其难得的。

真正的知己，能够赏识彼此的长处、理解彼此的志向，同时会想办法为彼此实现志向提供机会。对于很多人来说，一辈子遇不到几个知己是很常见的事。豫让奔忙了多年也没有碰到这样的人，一直失意地活着，直到遇到了智伯，生命才有了光彩。

豫让对智伯以死报恩，说明了他自身就是一个有着较大理想抱负、非常注重实现生命价值的人，这样的人不会因为现实的利害关系而动摇心志。赵襄子阅人无数，深知这种人的可贵，所以第一次豫让谋杀未遂的时候，就决定放了他。赵襄子当时的感动也是真实的，并非装腔作势——当然，我们也不要忘记，赵襄子首先是一位成熟的政客，他不急于杀害豫让的根本原因，还是看到豫让毕竟势单力薄，成不了气候，对自己制造不了真正的麻烦。

《史记·刺客列传》记录了曹沫、专诸、豫让、聂政、荆轲五个刺客的故事，这些人的刺杀行为，有成功的，也有失败的。总体来说，《刺客列传》这篇激烈的文字，很好地反映了春秋战国时期刚烈的士风。

就如伍子胥备受争议的复仇行动一样，这些刺客的行为尽管有很多可议之处，但无可否认的是，他们身上那股勇于反抗强敌的精神，是一个共同体的宝贵财富。尤其当一个共同体遭遇外敌欺压甚至入侵时，那些孤勇者的事迹将发挥更大的能量，唤醒千千万万勇士。

知识积累

"随侯蛇珠"和"随珠弹雀"

"随侯蛇珠"亦作"隋侯蛇珠"，此处"随"与"隋"同。

据干宝《搜神记》卷二十记载："隋县溠水侧，有断蛇丘，隋侯出行，见大蛇被伤中断，疑其灵异，使人以药封之，蛇乃能走，因号其处'断蛇丘'。岁余，蛇衔明珠以报之。珠盈径寸，纯白，而夜有光明，如月之照，可以烛室，故谓之'隋侯珠'。"

传说古代随国的国君出行，在路上看见一条受了伤的蛇，怀疑是灵蛇，于是用药救了蛇一命。一年多后，蛇衔着一枚极其珍贵的明珠回来报答随侯。后人遂以"随侯蛇珠"为知恩图报之典。

由于"随侯珠"是一种极其珍贵的宝物，古人常广泛用于比喻，例如"随珠弹雀"就是其中著名的一个。

《庄子·让王》："今且有人于此，以随侯之珠，弹千仞之雀，世必笑之。是何也？则其所用者重，而所要者轻也。"用珍贵的宝珠做子弹，去弹射处于很高地方的鸟雀，很显然是一件愚蠢的事。后人就以"随珠弹雀"来比喻处理事情轻重失当、得不偿失。

如果有人为了追求名利，或是为了在工作学习方面取得一些成绩而经常做一些有损身体健康的行为，我们就可以说这种行为是"随珠弹雀"。

 视野拓展

国士之风

国士，顾名思义，是指一国之中才能最杰出的人。

在《史记》的叙述中，豫让对赵襄子说的原话是："臣事范、中行氏，范、中行氏皆众人遇我，我故众人报之。至于智伯，国士遇我，我故国士报之。"

萧何向刘邦这样评价韩信："诸将易得耳。至如信者，国士无双。"

以上事例，都说明"国士"是对一个人才能的高度肯定。

后来，"国士"一词的含义"扩容"，不仅用于赞扬人有才能，还会经常用来称赏人有非凡的襟怀和格局。

东汉末年，曹操十分赏识关羽，但关羽只肯追随刘备创业，迫于形势投降曹操后，仍等待机会重回刘备阵营。有一次，袁绍与曹操交战，关羽在乱军之中奋勇击杀袁绍的大将颜良，为曹操解围，以此报效曹操的知遇之恩。

张飞为刘备攻略蜀地，俘虏了当时蜀地长官刘璋的部将严颜。严颜当着众人的面责骂张飞侵夺他人土地，试图激怒张飞，好让他尽快处死自己。张飞听了后没有恼怒，更是当场释放了严颜，把他延请为座上宾。

《三国志·关张马黄赵传》评价关羽、张飞："皆称万人之敌，为世虎臣。羽报效曹公，飞义释严颜，并有国士之风。"

同样的情况也出现在吴国将领吕蒙身上。《三国志·周瑜鲁肃吕蒙传》称赞吕蒙能够做到克制自己，尽量不杀伤敌人及百姓："吕蒙勇而有谋，断识军计，谲郝普，禽（同"擒"）关羽，最其妙者。初虽轻果妄杀，终于克己，有国士之量，岂徒武将而已乎！"

气节

狐突及田横五百
壮士的人生抉择

本文取材于《史记·晋世家》和《史记·田儋列传》。

这是两个关于气节的故事，主人公的名字叫狐突、田横。

什么叫气节？简单来说，气节是人的一种不会轻易改变的志气、节操。狐突就是有气节之人的代表之一。

狐突是春秋时期晋国的大臣。对于这个人，我们可能不是很熟悉，不过他的一个外孙我们一定是知道的，其名叫重耳，也就是历史上赫赫有名的晋文公。

重耳的父亲是晋国君主晋献公。晋献公生了八个儿子，其中有三个儿子很有威望，第一个是太子申生，第二个就是重耳，第三个名叫夷吾。

后来，晋国发生了一场非常严重的内乱，内乱情况跟"友恭"故事里卫国那场变故有一点相同，都属于父亲迫害儿子的情形。

晋国这场内乱大致是以下这样一个情况。

晋献公有一个非常宠爱的妃子，叫骊姬。骊姬生下了一个儿子，希望这个儿子做太子。在那个时候，晋献公已经指定申生做太子了，骊姬就不停地在晋献公面前说太子的坏话。不仅这样，骊姬还恶意中伤重耳和夷吾两位公子。

晋献公是完全信任骊姬的，再加上他自己可能也对申生不满意，所以后来就逼得太子申生自杀了。在这场变故当中，重耳和夷吾相对幸运一些，逃到了国外避难。

骊姬如愿以偿。晋献公死后，她的儿子当上了晋国君主。然而，骊姬高兴了没几天，就出现了一个意外情况。

当时晋国有一个大臣，名叫里克，是个实权派，看到骊姬在晋国煽风点火，早就非常不满，所以在晋献公死后不久，就动手把骊姬的儿子杀了。不仅如此，里克还把骊姬家族的人都杀了个干净，然后邀请重耳回国。

重耳看到国内一片血雨腥风，心里也感到恐惧，拒绝回去。里克没有办法，向重耳的弟弟夷吾发出了邀请。夷吾选择了回去，做上了晋国的君主，此人就是晋惠公。

重耳继续在国外流亡，漂泊了整整十九年，辗转很多个国家，尝尽了人情冷暖。在这段艰难的岁月里，幸好他身边有几个非常得力的下属，其中有两个是他舅舅，一个叫狐毛，一个叫狐偃。狐毛和狐偃都是狐突的儿子。

这时候的晋国，形势继续发生着变化。夷吾当了十四年的君主后死去，他的儿子接了班，即晋怀公。怀公一直害怕重耳回国抢自己的位子，就想方设法削弱重耳的实力。

有一次，晋怀公发出了一道命令说："那些跟随重耳逃亡的人，现在你们必须限期回到国内，到期不回者，将诛灭全家！"

狐突在晋国自然也收到了这道命令，但他拒绝叫自己的儿子回国。晋怀公看到他这个样子，怒火中烧，把他关了起来。

狐突是一个骨头很硬的人，他对晋怀公说："我两个儿子做重耳的下属已经有很多年了。从古以来，父亲教育自己的孩子的时候，都会跟孩子说：你们以后在别人的手下做事，要忠于人家。如果我把他们叫回国，那我就是在教孩子不忠。这种事我是不能做的。你是一国之君，却让我做这种事，以后还有谁会忠于你呢？"

晋怀公自然完全听不进狐突的话，很快就把狐突杀了。

我们看出，狐突不仅骨头硬，更是一个了不起的父亲。这是因为，一个父亲做得好不好，只需要看他教出来的孩子怎么样就知道了。且来看看狐突的儿子狐偃，在一些关键时刻有着什么样的表现。

重耳和狐偃他们流亡到楚国的时候，受到了楚王很好的招待。有一天，楚王问重耳："将来如果你回晋国了，会怎样报答我？"

重耳客气地说："如果我当上了晋国君主，碰到晋国和楚国打仗，我的军队会先向你们退避三舍（shè），然后再开打！"

这个"舍"是当时的军事用语，每一舍是三十里路，三舍就是九十里路。这个距离可以说是很长了，重耳这个承诺是一份相当厚重的礼物。

后来，重耳果然回到晋国，杀死了晋怀公，自己当上了君主。在这个过程中，狐偃出了非常大的力气，是重耳的大功臣之一。

再后来，晋国和楚国真的开战了。这个时候，狐偃最先站出来，提醒重耳说："一定要记得当年的诺言，先把咱们的军队往后撤九十里路。"

重耳依狐偃的话做了，并且在城濮这个地方击败了楚国的军队。这场大胜，奠定了重耳的霸主地位。事后，重耳论功行赏，把狐偃记为一等功。当时有人不服气，重耳就说："狐偃提醒我不要失信，这可是万世之功啊！"

这个非常讲究信用的狐偃，是不是有一点狐突的影子？

像狐突这样有气节的人，在中国历史上是为数不少的，比如秦末汉初的田横就是这样的人。

田横是战国时期齐国的贵族，秦朝末年曾经带兵反抗秦朝统治。后来，刘邦建立了汉朝，做了皇帝。这个时候各路豪杰纷纷对刘邦俯首称臣，但是田横没有这样干，而是带着手下五百个将士逃到了一个海岛上，拒绝服从刘邦。

刘邦逼田横说："你赶快来拜见我！来了，我就给你封王，如果不来，我就把你们都灭了！"

面对刘邦这个"庞然大物"，田横没有办法，口头答应了，带着两个手下一起去见刘邦。然而在半路上，田横就自杀了。他

两个手下拎着田横的头见了刘邦之后，也自杀了。

紧接着，守在海岛上的那五百个将士在得知田横自杀的消息后，也纷纷自杀了。后人把他们称为"田横五百壮士"。

我们知道，《史记》的作者司马迁是汉朝人，思想上是高度认同汉朝的，而田横五百壮士是不认同汉朝的。但即使是这样，司马迁也对这些人竖起了大拇指，大赞他们有"高节"，即有着很高的气节。

为什么有气节的人这么值得我们敬佩？这是因为，这个世界的真善美，往往是这些人创造并守护的。后世的岳飞、文天祥也是这样的人，他们的气节激励着一代又一代的人，告诉我们哪怕面对强大的势力，也不要屈服，要有自己的坚守。至于他们的反面，也就是那些随波逐流的人，可能会获得一些现实的利益，但最终不会得到人们的尊敬。

知识积累

"凌风知劲节，负雪见贞心"

南朝梁代范云《咏寒松诗》："修条拂层汉，密叶障天浔（xún）。凌风知劲节，负雪见贞心。"层汉即高空，天浔即天涯。此诗以松柏为喻，赞扬那些有坚贞气节的人。

值得一说的是，古人谈到气节，常常注重要对一个组织甚至是某个具体的人有"忠"的精神，否则便是没有节操。

[宋]李唐 晋文公复国图（局部）

到了近世，人们开始批评这种思想不可取，把很多古人有气节的行为一概视为"愚忠"。这其实是矫枉过正。

辨析这个问题，还得从"忠"字着眼。

清代学者段玉裁的《说文解字注》解释"忠"字："尽心曰忠。"与朱熹所说的"尽己之谓忠"一致。既然是尽心，就意味着"忠"是对于自己服务的对象而言的，因此必然会牵涉到具象的客体。古代士人讲究"得君行道"，即找到合适的君主去践行自己的理想。所以古人的"忠君"，就跟今天的"忠于人民"说法一样，有着同样的理想色彩，并不只是在主张一种类似于主仆的人身依附关系。

如果所找的君主不合适，古人认为要尽快离去。也就是说，君臣是一个双向选择。比如，孔子在周游列国的过程中，也遇到过待自己礼数不薄的君主（例如齐景公），但发现对方并不是自己希望合作的人，就马上选择了远离。

所以，"忠君"并非我们平常以为的"愚忠"那样简单，而往往是古人实现理想的一种手段。今天我们不使用"君臣"这种称呼，但在每一个单位或团队之中，都需要有气节的"忠臣"存

在，才能为组织赋予强大的生命力。一个组织如果连"忠"字也不敢强调，那么这个组织就会时刻处于"树倒猢狲散"的风雨飘摇状态中，自然难以对社会做出贡献。

视野拓展

欧阳修对学生的教育

宋贤欧阳修对学生苏轼的教育方式，也和狐突对儿子的教育理念有异曲同工之妙。

欧阳修晚年退居今天的安徽颍州养老，当时的他过得并不如意，一方面是主持变法的新党人物权倾朝野，而欧阳修与新党的政治观念多有不合；另一方面，在敌对政治阵营中有不少心术不正之徒，持续地诬陷、抹黑欧阳修。

苏轼对新法也并非全然认同，得不到重用，也处于人生失意时，被外放到杭州做太守的他，特意去了一趟颍州探访老师

[宋] 李唐 晋文公复国图（局部）

欧阳修。

后来，苏轼在《祭欧阳文忠公夫人文》中记录了这次会面的情况："契阔艰难，见公汝阴。多士方哗，而我独南。公曰子来，实获我心。我所谓文，必与道俱。见利而迁，则非我徒。"

欧阳修对苏轼说："我写文章，是要承载'道'的。如果一个人见利而迁，那就不是我的学生。"欧阳修说这番话的背景，是当时天下士人攀附得势的新党，争相学习新党的学术思想、模仿新党的文章，而苏轼不为所动（"多士方哗，而我独南"）。欧阳修对此表达了赞赏。

终其一生，苏轼都能做到始终忠于自己的信念，即使面对坎坷的命运，也绝不与时俯仰，可谓完美地体现了欧阳修的要求。

不仅如此，苏轼的知名门生当中，如黄庭坚、秦观、晁补之、张耒、陈师道等人，他们的行事风格也都体现出不肯见利而迁的节操，无论遭遇什么变故，他们与老师之间、同门之间的感情始终深挚热烈，互相扶持，留下许多感动后人的故事。

仅从这一点看，欧阳修对学生的气节教育就可以说是极其了不起的。

庄重

周亚夫辉煌事业的根基

本文取材于《史记·绛侯周勃世家》。

这是一个关于庄重的故事，主人公名叫周亚夫，是西汉王朝的一位将军。

所谓庄重，是指人在说话或者行动的时候，有一种不随便、不轻浮的态度。周亚夫便是这种人的代表之一。

周亚夫有着很好的出身，其父周勃是汉朝的开国功臣，并在汉朝建立后仍然发挥着重要作用。

刘邦去世后，汉朝的大权落在了吕太后家族的手里。吕太后死后，吕家的势力仍然很大，几乎要把刘家取而代之。

在这个千钧一发的时候，正是周勃和其他一批开国功臣联手，合力铲除了吕氏家族，让国家大权回到刘家手里，国家局势才重新安定了下来。新上位的君主是汉文帝刘恒，他就是由周勃这些开国功臣拥戴上位的。

在汉文帝时期，周勃当上了右丞相，位极人臣。退位之后，可能是因为看到太多的开国功臣被朝廷杀死，而自己的功劳非常大，周勃就总是担心朝廷要对自己下手，因此甚至平常在家没事的时候，都会穿着盔甲以防万一，家里的人出入都经常带着兵器。整个家族都处在一种紧张的气氛当中。

果不其然，很快就有人向朝廷告状说："周勃要造反！"

汉廷听到这个消息，正中下怀，立刻派人去把周勃抓了起来，关进监狱里面。按照当时的法律程序，那些管理监狱、执行司法程序的狱吏，要对周勃进行审讯。

然而，周勃身居高位这么多年，哪里经历过这种被人折磨的事？在被审讯的过程当中，他压根儿不知道应该怎么应对狱吏的审讯，形势对他很不利。

狱吏看到周勃软弱的样子，就更加肆无忌惮地去羞辱他。周勃没有办法，让家人花费一大笔钱贿赂了这些狱吏。狱吏见钱眼开，态度马上就发生了180度的改变，不但不虐待周勃，还告诉周勃怎样应对这些审讯。

在狱吏的帮助下，周勃终于无罪脱身了。出狱后，他非常感慨地说了一句："想当年，我周勃带领百万大军南征北战，是何等威风。然而万万想不到，一个狱吏竟然也能这么尊贵啊！"

我们看到，周勃是不太会绕弯子的一个人，性格非常耿直。俗语说有其父必有其子，周勃的儿子周亚夫多少也继承了这种性格。

周勃去世后，周亚夫继承父亲的事业，逐渐取得高位，也做了汉朝的将军。有一年，匈奴军队大举侵略汉朝，京城长安一下子骚动了起来。汉文帝收到情报后，派出几支军队驻扎在长安城周边，防备匈奴的军队打过来。在这些军队里面，有一支是周亚夫带领的，他们驻扎在细柳这个地方。

派军之后没多久，汉文帝就想去军营里面看看，顺便慰问将士，激励士气。于是汉文帝没有提前通知，就带着一批大臣出发了。

在访问前面两个军营的时候，无论是进去还是出来，一路都畅通无阻。两个将军看到皇帝来了，都赶紧下马来迎接，最后还礼数非常周到地送走汉文帝。

汉文帝第三个访问的军营，是周亚夫军队驻扎的细柳营。

在这里见到的情况跟前面两个军营完全不一样。只见周亚夫的士兵军容非常齐整，每个人的表情都很严肃，身上的兵器打磨得亮光闪闪，容器里面装满了弓箭，大家都是一副随时准备打仗的样子。

这次，汉文帝还没到达细柳营的时候，就先派出使者来告诉守门的士兵们："皇帝马上要来了，你们要做好接待的准备！"

出人意料的是，守门的人回复说："我们在军队当中，只听将军的号令，没有听过皇帝的命令。"坚决拒绝开门迎接汉文帝。

使者急得团团转，可是也没有什么办法。过了一会儿，汉文帝来到了细柳营，守门的人仍然不让他进去。

总不能就这么回去吧！汉文帝无奈之下，派使者拿着自己的信物进入军营，给周亚夫下达命令说："皇上来慰问将士，请您开门！"

周亚夫接到消息，这才安排守门的士兵开了门。汉文帝一行人进入军营之后，周亚夫的手下跟在旁边，叮嘱汉文帝一行人说："按照将军的命令，所有的人在军营里面一律不能快马奔跑，所以你们只能慢慢往前走。"

于是，汉文帝一群人只好放慢了脚步，走到了周亚夫的面前。周亚夫已经做好了迎接的准备，只见他穿着一身整洁的军装，手里拿着武器，神情肃穆，也是一副随时准备打仗的样子。

看到汉文帝来了，周亚夫说："我是武将，在军营里，就不方便按照朝廷的礼数来拜见您了。现在我按照军队的规矩，用军礼来跟您相见。"接着，周亚夫就向汉文帝郑重地行了几个军礼。

汉文帝看到周亚夫这样对待自己，不但完全没有生气，更是用了非常隆重的礼仪，对周亚夫及其士兵进行了慰问。

之后，汉文帝就带着大臣们离开军营了。

一路上，大臣们都对周亚夫刚才的举动感到非常震惊。看着大臣们的反应，汉文帝说："周亚夫才是真正的将军啊！我们之前访问的那两个军营，他们随随便便就让我们进去了，这种作风就像儿戏一样，万一有敌人打进来了，那些将军可就成为别人的俘虏了。如果是周亚夫这样的军营，敌人哪敢轻易来冒犯！"

大家一听，明白了里面的道理，都佩服汉文帝的眼光。在后来，汉文帝临死的时候，交代接班的汉景帝说："如果以后国家发生重大变故的话，周亚夫是一个可以委托重任的人。"

果不其然，在汉景帝时期，国内发生了"吴楚七国之乱"，正是周亚夫挺身而出，带兵平定了这场大动乱，为汉朝的继续稳定发展立下了汗马功劳。

从汉文帝访问细柳营这个故事可以看到，周亚夫庄重起来，连最高领导也不给面子。正是这种严肃认真的态度，让他的军队极具战斗力，帮助他在工作上取得辉煌的成就。

 **知识积累**

"敬其事而后其食"

"敬其事而后其食"出自《论语·卫灵公》："事君，敬其事而后其食。"大意是："对待君上，先要做到认真工作，然而才考虑俸禄等待遇问题。"

周亚夫与汉文帝的故事，充分体现出周亚夫是践行《论语》这句话的完美典范。对于周亚夫而言，他带兵打仗的核心任务是保卫国家安全，其他事情都要为这个核心任务服务，所以即使是最高级别的领导来视察，也要按照原定规矩开展工作，以此确保军队的战斗力和应变空间。

相比之下，其他将军让汉文帝很顺利地进入军营，这种做法无疑是敬其"食"而后其"事"。当事人首先考虑的，是要让领导高兴，实际上还是先关心个人待遇，至于工作本身的最终目标是什么，则退居次要位置考虑，这种行为表现本质上是不敬业。

"敬其事而后其食"并不只是适用于古人对待君上的场景中，在今日的职场里，也依然应该是我们奉行的准则：只有专注于把事情做好，才能做到敬业；要相信做到了敬业，与之相应的待遇会随之而来——不是说不应该关心待遇等事项，而是要把敬业放在首位，这是我们对待工作所应有的一种严肃、庄重的态度。

在敬业这一方面，我国科学家袁隆平是当代的典范，在工作过程中，他所处的环境发生了剧烈而繁多的变化，他都始终能做到不为所动，长期专注于杂交水稻事业，孜孜不倦，持续做出新成绩，让无数百姓受益，备受国人爱戴与景仰。

 **视野拓展**

随陆无武，绛灌无文

"随"即随何，"陆"即陆贾，两人都是汉高祖时的文官，能说会道，为朝廷立下不少功劳。

"绛"即绛侯周勃，"灌"即颍阴侯灌婴，两人都是汉高祖时的武将，均为汉朝的开创立下显赫战功。

随何和陆贾是文臣，不会打仗。周勃和灌婴是武夫，没有什么文化。一般来说，"随陆无武，绛灌无文"是指人才往往有其片面性，难以兼美。

不过，在史书的记载中，当"绛灌"连用的时候，并非褒义

［元］赵雍 先贤图卷（局部）

词，并没有称赞人能征善战的意思。

这是因为，周勃和灌婴妒忌心很重，经常干一些谗害有才之士的事情。

刘邦和项羽相争初期，陈平脱离项羽阵营，投奔刘邦，得到了刘邦的赏识。周勃和灌婴知道后，向刘邦进谗言，说了不少陈平的坏话。刘邦没有听他们的，而是选择信任并重用陈平。

刘邦建立汉朝之后，用陈平的诡计剥夺了韩信的军权，将韩信从楚王贬为淮阴侯并软禁起来，防止他造反。在这段时间里，韩信称病不朝，并且"羞与绛灌等列"，以自己和周勃、灌婴这样的人地位相同为耻（灌婴曾经是韩信的手下）。这里面的"羞"，不仅是因为自己地位被贬低，也因为平时为人正直的韩信，看不起周勃、灌婴的品格。

到了汉文帝时期，文帝想要重用年轻而有才华的贾谊，这时候周勃和灌婴又联合起来向文帝说贾谊的坏话。这次他们得逞了，汉文帝听信谗言疏远贾谊，导致贾谊郁郁而终。

因此，"绛灌无文"不仅指人粗鄙无文，更有"心术不正、嫉贤妒能"的意思。

耿直

汲黯用不如意的仕途
换来了生命的庄严

本文取材于《史记·汲郑列传》。

这是一个关于耿直的故事，主人公名叫汲黯，是汉武帝时期
的一个官员。

汲黯在仕途上的起点是相当高的。在汉景帝时期，他就做上
了太子洗马。什么叫太子洗马？古人说，这个"洗"字也可以写
成"先"，太子洗马这个官职的任务是走在车马的前面为太子做
向导。这是一个和太子非常亲近的官职，不是皇帝和太子非常信
任的人不能担任。

根据《史记》的记载，汲黯为人非常有威严，以至于周围的
人都非常害怕他。这些害怕他的人当中自然也包括了太子。

汉景帝死后，太子接班，即汉武帝。汉武帝是一个雄主，为人很有胆略，同时脾气也相当坏，在晚年的时候甚至逼得太子自杀，制造了一场血雨腥风。

但这样一个汉武帝，心里却害怕汲黯。害怕到什么程度？汉武帝平时见大将军卫青或是丞相公孙弘的时候，可以穿得很随便，语言、动作也非常随意，但是一旦见汲黯，就完全换了一种状态，变得如临大敌一般，把自己穿戴得整整齐齐的，仪式也弄得非常规范，生怕自己没有君王的礼数而导致汲黯不高兴。

我们知道，卫青和公孙弘的职位要比汲黯高。从这一点也可以看出，汲黯的威严到了一种什么样的程度。

汲黯表现自己威严的一个方式就是耿直。他从不会遮掩自己心里的好恶，哪怕一些对于别人来说可能是不好听的话，也会当面说出来。

比如，当汉武帝要对匈奴发动战争的时候，汲黯是持反对意见的：战争的耗费太大，会劳民伤财。然后，他当面反对汉武帝这样做。

然而，汉武帝觉得，汉朝的国力已经很强盛，他在内心其实已经把这场战争定为国策。汲黯的反对意见当然是没有起作用的。

又比如，汉武帝重用了一批新人，汲黯认为，这些重臣里面，有些人的品格是非常有问题的。比如丞相公孙弘，这个人经常谄媚皇帝，没有做事的原则。怎么能重用这种人呢？于是，汲黯不仅在汉武帝面前直接说出自己的反对意见，甚至在公孙弘的面前也这样直接开展批评。像汲黯这样的人，确实很难讨人"喜欢"。

又比如说，张汤是汉武帝身边的一个大红人，一度做到了御史大夫，职位比汲黯高。即使对于这样一个人，汲黯也经常批评。

说来很有意思，张汤的为人不像汲黯那么有威严，但在做事风格上却非常严苛，对于一些只是犯了一点小事的人，张汤都可以借题发挥，给他们定下重罪。

汲黯虽然为人很有威严，说话不留情面，但在处理政治方面的事情时，却主张不能苛刻，管理尺度要宽松一点，尽量不要干扰老百姓。当汲黯主政一方的时候，他总是把事情委托给身边的得力干将，到了一定的期限，他只问大的问题解决了没有，至于那些小事就不去一一过问。

汲黯对张汤非常不满，有一次，他当着汉武帝的面批评张汤："你坐上了这么高的官位，一不能让国家安定，二不能让人民富裕，反而用严酷的法律扰乱天下，这恐怕会给你带来灾难啊！"

汉武帝和张汤并没有把汲黯的话听进去。实际上，这时候的汉武帝，内心已经在嫌弃汲黯，因为汲黯连他也不留情面地进行批评。

有一次，汉武帝和大臣们讨论怎样让国家的文化兴盛起来。汉武帝高兴之下，说了很多心中的愿景。汲黯听了，马上站出来说："陛下内心的欲望非常多，然而对外却显示您是一个仁义的君主。这样的做法，怎么能像以前的尧舜那样让天下变得美好呢？"

此话一出，汉武帝脸色铁青，气得拂袖而去。现场所有官员都为汲黯捏了一把汗，大家纷纷批评汲黯，认为他不应该那样说话。

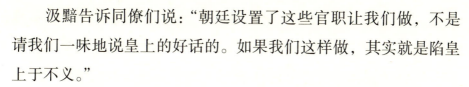

　　汲黯告诉同僚们说："朝廷设置了这些官职让我们做，不是请我们一味地说皇上的好话的。如果我们这样做，其实就是陷皇上于不义。"

　　汲黯的耿直给他带来的最大后果，就是一直得不到重用。汉武帝把他的官职调来调去，愣是不给他升迁到三公的职位。与此同时，那些进入仕途比汲黯晚、起点比汲黯低的人，却因为懂得讨汉武帝的欢心，很快得到升迁。

　　对于这种现状，汲黯很不满意。他跟汉武帝抱怨说："您任用人，就像堆柴一样，先来的柴在被压在下面，后来的柴都居于高位了。"成语"后来居上"，就是从汲黯这句话里来的。

　　不过，我们如果以"后见之明"的眼光去看当时的历史，汲黯的许多批评意见其实是很对的。比如说他反对汉朝跟匈奴打仗，汉武帝当时不听，后来由于长年累月的战争，汉朝一度濒临崩溃。幸好汉武帝及时调整政策，不再劳师动众，才让国家转危为安。

　　另外，汲黯指出公孙弘谄媚汉武帝，也是真实存在的。至于张汤的命运，也不幸被汲黯说中。

　　曾经不可一世的张汤，后来被人以受贿的罪名告发，旋即进了监狱。由于得罪人太多，张汤最后被朝廷命令自杀。然而，在张汤死后，办案的人清理其家产，发现他并没有受贿——从某种程度上说，张汤是冤死的。这个结局，其实在张汤以前用严酷手段办案的时候，就已经悄悄种下诱因了。

　　反观汲黯，则以一种宽简的执政风格，尽量不去骚扰百姓，

学生读《史记》中国人的精神品格

把地方治理得很好，得到了百姓的广泛称赞。对于一个官员来说，还有什么事情比让老百姓过上美好生活来得更重要呢？所以，汲黯的耿直尽管让他的仕途不太顺利，却为他的生命赋予庄严的色彩，帮助他实现了人生价值。

在生活中，我们每个人都会受到现实的各种制约，也许不能做到像汲黯那样耿直。但毫无疑问的是，汲黯这种直士是非常值得我们敬佩的。

古今中外，每一个掌控权力的人身边，都必然围绕着很多阿谀奉承者，这是人性使然。在这种环境里，如果能多一些像汲黯这样的人，适时说一些虽然不太中听但又符合公义的话，对于建设一个良好的社会是十分必要的。

汲黯说话不留情面，执政风格却显得宽厚，这两方面看上去矛盾，其实是同一件事的两种面相，本质上都是看重公义，鄙薄那些柔媚取容（讨好别人以求自己安身）的处世行为。

永远不要嘲笑那些基于公义而发的耿直言行，须知道在很多特殊环境里，即使把那些像常识一样寻常的真话说出来，也可能会付出极大的代价，需要莫大的勇气。

 **知识积累**

头会（kuài）箕敛

"头会箕敛"亦作"头会箕赋"。这里的"会"是算账、计数的意思，今日"会计"一词亦是此义。箕即畚（běn）箕，是一种用竹篾或柳条编织成的器具，多用来放农作物。

"头会箕敛"的意思是按人头数量征税，用畚箕来装征收来的谷物，比喻赋税苛刻、繁重。《史记·张耳陈余列传》："外内骚动，百姓罢（同'疲'）敝，头会箕敛，以供军费。"是在描述秦朝官方对百姓进行横征暴敛。

只要是在权力缺乏监督和制衡的政治状态里，主政者都会倾向于对百姓头会箕敛，以此谋求自身利益最大化。秦始皇时期如此，汉武帝时期也是这样。

对权力制衡不力，是君主制的常态。这是导致"兴，百姓苦。亡，百姓苦"（张养浩《山坡羊·潼关怀古》）现象产生的根源。

从这一方面看，实行轻徭薄赋、与民休息政策的汉文帝、汉景帝、隋文帝等时代，在历史长河中是比较特殊的存在。这些君主能够做到宽厚、清简，自觉克制权力的滥用——这不仅是一种道德，更是能力，因为保持政治宽松而不至于废弛，需要有高超的治理水平。

熟读历史就会发现，宽简的君主比雄才大略者要少得多。这提醒我们，要审慎赞美那些"雄主"，因为他们与暴君往往只有一纸之隔。

视野拓展

从颜异事件看汲黯的可贵

在现实中，那些有才能、正直的人，往往容易遭遇不被理解、不受重用的对待。在这种情况下，并非每个人都能做到像汲黯那样直接抒发自己的不满。我们需要看到，汲黯直言无忌的背后，是他有过一段陪伴汉武帝从少年成长起来的经历。

《史记》没有叙述汲黯对汉武帝有过哪些帮助，但我们可以推测，以汲黯优秀的工作能力，必然对年少的汉武帝有过不少扶掖，为其排忧解难，这是他后来能够多次当着武帝面表达心中不满的"资本"。

同是汉武帝时期的大臣，颜异就没有汲黯这样的运气。

颜异是汉武帝时期的大司农。大司农即掌管国家财政的长官，是一个非常重要的职位。当时汉朝由于连年对外用兵，国库空虚，酷吏张汤揣摩上意，和汉武帝鼓捣了一个"白鹿皮币"法令，以此聚敛钱财。

具体做法是这样的：按照惯例，地方诸侯、刘氏宗室成员会定期到京城朝觐皇帝，每位诸侯都要向朝廷进贡苍璧（一种用于祭祀的玉器）这样的礼物。汉武帝据此规定，诸侯进贡苍璧的时候，必须要用朝廷制作的鹿皮垫着。用作垫子的鹿皮售价不菲，四十万钱一张。

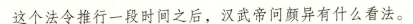

　　这个法令推行一段时间之后，汉武帝问颜异有什么看法。

　　颜异直言不讳地说："苍璧的价值才几千钱，然而作为辅助物的鹿皮，价格却高达四十万钱。这就有点像买椟还珠，属于本末倒置了。"

　　汉武帝听了，心中非常不高兴。也因为这件事，颜异遭到了张汤的记恨。

　　后来，颜异因为其他事情被人弹劾，案子交由张汤审判。张汤本来就恨颜异，逮住这个机会，挖空心思欲置颜异于死地。

　　这时候，有人"适时"向张汤"告发"了颜异这一件事：曾经有一位客人和颜异私下交流的时候，在颜异面前说了一些关于新法令的坏话，颜异听了之后，没有说话，但是嘴唇动了几下。

　　张汤借题发挥，认为颜异作为朝廷重臣，对朝廷政策有不同意见，没有选择在公堂上表达，反而在心中进行诽谤，这是对朝廷的大不敬，理应判处死刑。这个处罚得到了汉武帝的认同，颜异很快就被处死了。

　　荒谬而险恶的"腹诽罪"，就是在这个事件中产生的。

　　颜异的遭遇充分说明了在残酷的高压政治环境下生存的艰难。从这一点也可以看出，尽管汲黯有着比较特殊的"背景"，然而在当时波诡云谲、人人自危的官场上，他的耿直作风无疑是光彩照人的，并不因为他的身份而有所失色。

守道

好人可能没好报，
我们要怎么办呢

　　本文取材于《史记·伯夷列传》和司马迁作的《报任少卿书》。

　　这是一个关于守道的故事，也是本书最后一个故事，主人公是伯夷和司马迁。

　　"道"究竟是什么？古往今来，众说纷纭。大体上说，我们可以把"道"理解成一种美好的信仰。

　　在《史记》这本书里，司马迁有许多创举，其中之一就是开创了"列传"这个体裁，专门写人物，并且列传占据了全书最大的篇幅。这种做法在以前是没有的。

　　《史记》有70篇列传，首篇叫《伯夷列传》。这是一篇非常独特的文章。独特在什么地方？其他的列传是以记叙人的故事为主，只有很少的篇幅是发议论。《伯夷列传》却不同，这篇文章叙事很少，大部分笔墨都是司马迁在发议论。

我们先来了解一下伯夷的故事。

商朝时期，北方有一个服从商王朝领导的孤竹国，这是一个小国。到了商朝末期，孤竹国君主有三个儿子，大儿子叫伯夷，最小的儿子叫叔齐。孤竹君指定小儿子叔齐继承君主位子。没想到孤竹君去世后，叔齐突然说自己其实并不想做君主，将位子让给了大哥伯夷。

没想到伯夷也不愿意做国君，于是这兄弟俩就把位子让给了老二，然后两人一起离开了孤竹国，投奔另一个地方势力周的首领——西伯昌。西伯昌就是后来的周文王。

这时候的西伯昌，正在准备推翻商朝的统治。伯夷、叔齐是认同商王朝的，知道了这件事后，就反对这个做法。

这个反对意见当然没有被采纳。当时商朝纣王的统治非常糟糕，早已失掉了民心。而西伯昌善待百姓，民心已经归顺于西伯昌。

不过，西伯昌还没来得及带兵去打商朝就去世了，最后是他的儿子推翻了商朝，建立了周朝，是为周武王。

伯夷、叔齐看到了这一切的发生，内心非常痛苦。坚定认为自己是商朝臣子的他们，拒绝吃周朝的粮食，即不做周朝的臣子。兄弟俩来到了首阳山这个地方隐居，生活条件非常艰苦，没什么东西吃，最后饿死在那里。

这就是伯夷、叔齐的故事，可以说并不复杂，他们也没有什么丰功伟绩。但是在中国人心目中，伯夷、叔齐却占据了一个特别重要的位置。

孔子曾这样评价伯夷、叔齐:"不降其志,不辱其身,伯夷、叔齐与(yú)!"意思是:不动摇自己的意志,不辱没自己的身份,是伯夷、叔齐了。司马迁景仰孔子,高度认可孔子对伯夷、叔齐的评价,把伯夷、叔齐的故事作为《史记》列传第一篇。

我们知道,纣王的统治非常残暴,伯夷、叔齐忠于商朝的行为,为什么会得到那么多的人赞赏呢?这究竟是不是一种"愚忠"的行为?

其实,这里的关键不在于纣王的表现怎么样,也更加不是愚忠。事情的关键在于,伯夷拒绝认同周朝这件事,本身包含着一种非常坚定的力量,这种力量让他们无论是受到诱惑还是遭遇苦难,都不会轻易改变自己做人的原则。

同理,孔子赞赏伯夷,并不是在同情纣王,而是颂扬伯夷身上有一股温和而坚定的力量。

当理想幻灭之后,向现实进行激烈反抗的人有之,这样的人生接近于"杀身成仁",其事固然可贵,但毕竟真正做到这一点的人不多,我们也不能苛责他人都这样做。

当理想遭遇现实的无情摧毁,一个人如果依然内心坚守底线,始终坚持不与现实合谋、共力,这是"温和的坚定"。这种情况是很多人都可以去效仿及默默实行的。历朝历代,许多了不起的事情,往往是具有这种力量的人做出来的。

司马迁在写《伯夷列传》的时候,发出了一番很深的感慨:"人们常常说,上天是公平的,好人会有好报、恶人会有恶报。

可是我分明看到，像伯夷、叔齐这样的好人，结果却饿死了。而那些作恶多端的人，却过着很好的生活。比如有一个名字叫跖（zhí）的强盗，聚集了几千个恶人，整天干杀人越货的勾当甚至是吃人肉，这样一个穷凶极恶的人却得到了善终。"

这个感慨可以说是非常深重的。司马迁这种复杂的情绪，并非只是从过往的历史中总结得来，更跟他的人生经历密切相关。

司马迁出身于一个学问世家，其父司马谈在朝廷担任太史令。司马谈非常博学，也很有使命感，曾经立下大志要写一本书，把从古至今的人和事甚至是天文地理的各种变化都记录下来。

也就是说，司马谈要给后人留下一本包罗万象的书。这是一个非常浩大的工程，光是准备写作方面需要的材料，就要花很多功夫。

很不幸的是，书还远远没有写好，司马谈就病倒了。在临死之前，他把这个使命交给了儿子司马迁去完成。

对于司马迁而言，完成这样一本书，不仅仅是完成父亲交代的事，更是他自己的生命追求。他没有怠慢，很快就开始动笔写作了。

正在写作顺利开展的时候，却发生了一件大事。

汉朝的李陵将军带兵攻打匈奴，陷入了重重包围中，这时候汉朝的援兵不来帮忙，李陵被迫投降了匈奴。事后，司马迁在朝廷上为李陵说话，惹怒了汉武帝，被判以死罪。在当时，可以选择出钱或受宫刑来代替死刑，司马迁生活清贫，为了完成父亲的托付，选择了接受宫刑。这就是著名的李陵事件。

宫刑是一种让人彻底丧失尊严的惩罚，司马迁遭受的是惨无人道的对待。对于他来说，在这种极度黑暗与绝望的情况下，这本书还能完成吗？这是一个巨大的问号。

我们看到，司马迁跟伯夷一样，也是一个好人，但同样得到了一个非常不好的回报。

既然好人很可能没有好报，那么人活在这个世界上，还有没有必要去追求成为一位好人呢？

我们且来看看司马迁是怎么解决这个难题的。

在说了伯夷的故事之后，司马迁还提到了一个人，那就是孔子极其欣赏的学生颜回。

颜回是一个天才，不仅聪明，还非常勤奋好学，可惜运气不好，生活过得很穷苦，还没做出一番事业就去世了。颜回的死让孔子感到非常痛心。

谈了颜回的身世之后，司马迁话锋一转，在书中跟读者们说："其实，生活过得好还是不好，并不是衡量人生价值的唯一标准。在死后还能留下美好的名声，这样的人生才算有价值。不过，尽管伯夷和颜回有那么美好的品德，但是如果他们没有得到孔子的称赞，名声可能就不会像现在那么响亮了。"

司马迁认为：好人可能没有好报、恶人可能没有恶报，这是存在于世界上的残酷现实，我们无法改变，但需要正视，在知道了这些残酷现实之后，我们不应该退缩、怀疑，而是更加应该坚守心里向往的道义，不要轻易放弃。

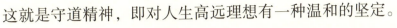

　　这就是守道精神，即对人生高远理想有一种温和的坚定。

　　司马迁守道的具体表现就是：他没有被灾难摧毁，而是更加发奋努力地去写书，记录了许多有着美好品德的人及其事迹。他希望这些人如同伯夷、颜回得到孔子的赞扬从而流芳久远一样，也能因为自己的记录，有美好的名声流传到后世。

　　毫无疑问，司马迁做到了。

 **知识积累**

"无冥冥之志者无昭昭之明，无惛惛之事者无赫赫之功"

　　标题这句话出自《荀子·劝学》。"冥冥"和"惛惛"这两个词，字面上都有晦暗、不明亮的意思，《荀子》这两句话是说专一、静默特质的可贵，强调要在别人看不到的地方持续地用功，只有这样才能取得耀眼的成绩。

　　司马迁写《史记》，就很好地体现了《荀子》这句话。

　　《史记》全书有一百三十篇，合计五十多万字，全用高度凝练的文言写成，信息量极大，其中涉及对浩如烟海的材料阅读、消化、剪裁和改编，同时还要开展大量实地访问调查等工作。即使是司马谈、司马迁父子合力撰写此书，仅从工作量看——当时书写还是用刀或笔在竹简上完成，就已是一项极难完成的大型工程。

　　考虑到谈、迁父子在朝廷中都有本职工作要忙，《史记》的

成书就显得更为可贵了。我们需要注意到，著史只是他们个人的事业追求，并不是朝廷安排的任务。司马迁的职务是太史令，平时有很多文书方面的工作要完成，此外还要参与制定《太初历》——这是汉朝的一件大事，也是一项大工程。《太初历》的颁布，成为古代中国第一部完整的历法，对后世历法有着深远影响。

在大多数时候，长篇的写作是一件枯燥、吃力的事情，不仅需要作者精神高度集中，更需要充沛的体能。李陵事件后，司马迁失去了健康，精神状态更是受到重创，在这种情况下，若无"冥冥之志"和"惛惛之事"，难以完成这项工作。

同理，我们如果想做好其他方面的事情，都需要有"冥冥之志"和"惛惛之事"。

 **视野拓展**

无愧为伟大的司马迁

知人论世，要了解司马迁，需要了解司马迁所处的汉武帝时代。

如果没有汉武帝，司马迁一样能够写出《史记》，但这本书可能会缺少一种深沉的味道。

汉武帝是一个什么样的人？我们可以从以下几个角度，来认识这位对中国历史有着深刻影响的君主。

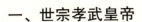

一、世宗孝武皇帝

在人们的认知里，汉武帝最主要的标签是"雄主"。这是汉朝以来人们的普遍认知，从武帝的庙号、谥号就可以知道他在皇帝群体之中的地位和影响力。

按照古代的礼法，国人对皇帝的称呼主要有以下几种。

谥号：有褒义的，也有贬义的，还有同情义的，只能死后由后人追加。我们所熟悉的"汉×帝"，中间那个字就是皇帝的谥号，属于对其一生功业高度浓缩的评价。由于汉朝皇帝除了西汉、东汉的开国君主外，谥号都有一个"孝"字，所以后人称呼的时候往往省去这个字，例如汉文帝的谥号是"孝文"，汉武帝的谥号为"孝武"，这些都是美谥。至于西汉末期皇帝汉哀帝的谥号"孝哀"，顾名思义，就是一个表同情义的。

尊号：又称"徽号"，只有褒义，没有贬义，皇帝生前或死后均可以有，例如唐玄宗就曾经为自己加尊号"开元天宝圣文神武皇帝"。清朝慈禧太后地位尊崇，"慈禧"是她的徽号。

庙号：只有褒义，只能死后由后人追加。我们所熟知的"××祖""××宗"这些带有"祖"或"宗"的称呼，就是皇帝的庙号。庙号是对一个皇帝的高度肯定，即"祖有功，宗有德"。在西汉及以前，不是每个君主都拥有庙号。西汉十二位皇帝（数目据《汉书》），只有四人有庙号：汉太祖（刘邦）、汉太宗（文帝刘恒）、汉世宗（武帝刘彻）、汉中宗（宣帝刘询），这四个人的神位都放在太庙里供奉，至于其他未放在太庙的皇帝或远祖神位，则另行放在祧（tiāo）庙里供奉。一般来说，同一个朝代是"一祖多宗",开国皇帝称"太祖"(也有的称高祖),其后的继承者称"宗"。刘邦的庙号是汉太祖,尊号为高皇帝,因《史记》称他为汉高祖,后人约定成俗沿用了下来。西汉以后,法度不严,一个朝代可能会有多个祖(例如明朝有太祖、成祖),同时庙号泛滥,几乎每个皇帝都有庙号。

年号:从汉武帝时期开始创设,为皇帝在位时使用,主要用来纪年,皇帝在任期间可改换年号,例如唐玄宗就使用了"先天""开元""天宝"三个年号;也可终身只使用一个年号,例如清高宗就只用了"乾隆"一个年号。

汉武帝的庙号为汉世宗。庙号的"世",有另开一番新局面之义。在同一个朝代里,太祖地位最高,其次是紧随其后将事业发扬光大的太宗,例如唐太宗李世民、宋太宗赵光义皆为此类。一般来说,世宗的地位仅次于太宗。在唐朝,平定安史之乱的皇帝庙号为代宗(为避李世民的讳,唐朝不设世宗,改为代宗。"世"与"代"意思相同)。由于汉武帝的影响力高于汉文帝,世宗在某种程度上又具有地位略高于太宗的意味。

二、盛世背后的运行机制

高度集权。汉武帝十六岁登基,在位五十四年,用过十三个丞相。在武帝一朝,丞相的权力不仅大为削弱,更有七人不是被杀就是自杀,充分体现了"伴君如伴虎"这句话。通过颁布"推恩令",要求地方诸侯持续将土地分封给各自的子孙,以此削弱地方诸侯的实力。日常行政方面,重用张汤、杜周这种酷吏,以恐怖氛围治国,令臣下噤若寒蝉、人人自危,从而收取最大限度集权于皇帝的效果。

杂用王霸。董仲舒向汉武帝提出了"罢黜百家，独尊儒术"的治国思想，武帝表示了欣赏，但实际上只采用了推尊儒术，并未罢黜百家。《史记》说武帝"博开艺能之路，悉延百端之学"，注重对各派人才的吸纳。武帝曾发布《求茂材异等》这一重要诏令，宣扬"唯才是举"，强调选拔人才不必看重品德，这并不符合儒家的"德才兼备"用人理念。总体而言，汉武帝既不偏重儒家，也不专爱法家。武帝的曾孙、宣帝刘询，曾经非常不满太子钟情于儒学，差点为此废掉太子。宣帝说："汉家自有制度，本以霸王道杂之。"这是西汉政治运行机制的核心。东汉学者桓谭说："三王由仁义，五霸用权智。""王道"治术注重宽仁、爱民，以尧舜这些传说中的明君为代表。"霸道"治术以利益结果为导向，注重对权力的充分运用，不讲究树立并坚持特定的价值观，以齐桓公、晋文公这些霸主为代表。汉武帝一生，既崇文，又黩武；既能下诏公开反省自己的过错，又时常杀人立威，甚至太子刘据也被他迫害致死。其翻覆变化的行为，是杂用王道和霸道的结果。

强国弱民。任用桑弘羊为财政大臣，推出盐铁官营政策，不断把财富集于中央政府。在地方设置均输官，在中央设置平准官，政府直接介入商业买卖，从中攫取利益。推出算缗政策，对有产者征收财产税，由于征税太狠，国民纷纷隐匿财产。对此，朝廷出台告缗政策，鼓励国人告发那些隐瞒财产的人，一经查实，朝廷与告发者平分被举报人的财产。汉武帝通过推出各种严

［宋］李唐 采薇图卷（局部）

苛的法令，不断削弱国民、增强国库，以此支持旷日持久的对外战争及各种奢靡之举。

这就是司马迁所面对的汉武帝。他所处的，是一个光芒四射而又日益峻急的时代：一方面，歌颂汉武帝的声音持续高亢；另一方面，各种社会危机在不断激化。

在这样的环境下，司马迁以非凡的勇气、清醒的认知、饱满的热情，记录下不同时代洪流中那些可贵人物的生命表现，呈现出各种体系的兴衰痕迹，批判了贪婪、自私、邪恶等丑陋行径。一部《史记》，既是对过去的精彩总结，更是对未来的有力引领，激励了无数仁人志士穿越黑暗，成就各自的事业。

无愧为伟大的司马迁。

后记

　　由于景仰司马迁，我从少年求学时期起，就对《史记》一书极度喜爱，除了数次通读全书，更会对其中许多篇章进行反复诵读。我的古文功底，也从《史记》得力最多。

　　2017 年，为帮助中小学生读者领略《史记》人物的风采，我编写了一个《史记》读本，由二十四个人物故事组成，是为此书的雏形。

　　其后，由于工作繁忙，书稿一直放在电脑里，没有开展进一步的整理。

　　商务印书馆编辑李节女士在责编出版了我的《古典诗歌写作入门》一书后，知道了这个《史记》读本的存在，遂赐读了书稿。蒙李节老师不弃，建议我对读本进行修订和扩充，增加知识拓展板块，以供中小学生读者阅读。

　　我欣然命笔，经过近年的持续编订，全书比初稿增加了一倍篇幅，即目前大家所看到的版本。

　　现在回想，以我这几年工作的忙碌程度，如果没有李节老师的建议并催促修订，这部书稿很可能会被我遗忘。此事再次证实了我的一个判断，那就是生命确实非常需要外在的声音来唤醒或激发。这也是我做这一个系列人物故事的初衷：通过系统呈现那些真正的国士风流，帮助青少年养成健康的品格。

　　顾炎武说："文须有益于天下。"（《日知录》卷十九）此语道出了写作的根本可贵之处，那就是文字要对世道人心产生良好的影响。对于我来说，这一追求虽不能至，然心向往之，无论置身何时何地，我的写作都将朝着这个方向勉力前行。

　　感谢商务印书馆为这部书稿赋予了新生！

　　人生如寄，风雨盈路，每个人都有各自的关口要走过。行走世间，我们如果能从前人身上获得一些慰藉、力量或教训，无疑是生命历程中的一大欣悦。《史记》等书籍能够成为传世经典，一大原因在于为我们带来了这种深层感受。

　　希望我们能够时常收获这种欣悦。

2023 年春，邹金灿记于深圳